A Mensageira Selvagem

A Mensageira Selvagem

O EMPREENDEDORISMO COMO JORNADA
DE RECONEXÃO COM O FEMININO

ISABELE MOREIRA

1ª Edição - Nova Petrópolis/RS - 2023

Produção Editorial:
Tatiana Müller

Capa:
Nine Editorial

Revisão:
Aline Naomi Sassaki

Ilustrações de miolo:
Isabele Moreira

Projeto gráfico e diagramação:
Marcos Seefeld

Dados Internacionais de Catalogação na Publicação (CIP)
(BENITEZ Catalogação Ass. Editorial, MS, Brasil)

M838m

Moreira, Isabele
    A mensageira selvagem : o empreendedorismo como jornada de reconexão com o feminino / Isabele Moreira. – 1.ed. – Nova Petrópolis, RS : Luz da Serra Editora, 2023.

    240 p.; 16 x 23 cm.

    ISBN 978-65-81771-01-0

    1. Autoajuda. 2. Desenvolvimento pessoal. 3. Empreendedorismo. 4. Mulheres. 5. Oratória. I. Título.

09-2023/190   CDD 150

Índice para catálogo sistemático:

1. Autoajuda : Desenvolvimento pessoal : Psicologia 150

Aline Graziele Benitez – Bibliotecária - CRB-1/3129

Todos os direitos reservados. Nenhuma parte desta obra pode ser reproduzida ou transmitida por qualquer forma e/ou quaisquer meios (eletrônico ou mecânico, incluindo fotocópia e gravação) ou arquivada em qualquer sistema ou banco de dados sem permissão escrita da Editora.

Luz da Serra Editora Ltda.
Rua das Calêndulas, 62
Bairro Juriti - Nova Petrópolis/RS
CEP 95150-000
loja@luzdaserra.com.br
www.luzdaserra.com.br
loja.luzdaserraeditora.com.br
Fone: (54) 99263-0619

Para minha avó Dulcinea. A melhor professora e avó que esse mundo já viu.

Sumário

PRÓLOGO (NÃO PULE ESSA PARTE) 09

PREFÁCIO POR AYEZA UMPIERRE 19

INTRODUÇÃO – A SERENDIPIDADE
VEIO SURPREENDER VOCÊ 27

UMA MENSAGEIRA DEIXA PISTAS 37

A PRIMEIRA ARMADILHA:
O EMPREENDEDORISMO 49

A SEGUNDA ARMADILHA: UMA
MENSAGEIRA DOMESTICADA 69

A TERCEIRA ARMADILHA: O
ESPELHO INVERTIDO DA AUTOIMAGEM 85

CÍRCULO DA VIDA CRIATIVA 97

O RESGATE DO FEMININO SELVAGEM 121

A MENSAGEIRA SELVAGEM APAIXONADA 133

O MERECIMENTO DE SER RICA E SELVAGEM 165

A CRIATIVIDADE É SAGRADA 183

MATERNIDADE SELVAGEM 191

O ÚLTIMO COMBATE DA GUERREIRA 205

A VOZ DA AUTENTICIDADE – SEM
MEDO DE SER MENSAGEIRA E SELVAGEM 213

UM PASSO A PASSO À PROVA DO TEMPO 219

O POTE DE OURO NÃO
ESTAVA NO FINAL DO ARCO-ÍRIS 225

PARA VOCÊ, MENSAGEIRA
SELVAGEM, UMA CARTA DE AMOR 231

AGRADECIMENTO SELVAGEM 237

Prólogo
(Não pule essa parte)

Entro no meu carro com a mente no piloto automático. Sem perceber, conecto o cabo do meu celular à entrada USB e minha playlist favorita aparece imediatamente na tela de LCD do painel.

Saio pela garagem do prédio, como todas as vezes, medindo a distância entre as duas laterais do carro em relação às paredes de concreto, com a mesma percepção de sempre de que o lugar é apertado demais para passar um SUV.

Depois de ganhar o asfalto quente naquela tarde de quinta-feira, ouvindo *Piloto Automático*, na voz da Sandy, continuo dirigindo devagar por dentro de Camboinhas, um bairro afastado na cidade de Niterói, lotado de grandes casas e costurado por uma praia de 3 quilômetros de extensão.

Tudo normal, apesar de agora perceber que, a essa altura, eu não tenho nítido em minha mente o destino da minha viagem. "Aonde estou indo, afinal?" Minha mente confusa não consegue responder, mas, ao mesmo tempo, sigo dirigindo como se uma parte oculta do meu cérebro soubesse exatamente o que está fazendo. É nesse momento que tudo acontece.

Ao fazer a curva acentuada que me conduzia para fora de Camboinhas, meu carro entra em uma rua sem pavimentação, feita de terra batida e com alguns buracos pelo percurso. Imediatamente e, com assombro, reconheço o lugar.

A rua é estreita e, ao subir, vejo, do lado esquerdo, um descampado com o capim irregular invadindo parte da rua e, do lado direito, me aproximo do muro de uma casa que minha lembrança reconhece muito bem.

Estaciono o carro rente ao meio-fio e percebo que ele ocupa uma boa parte da rua, e então imagino que será difícil para qualquer outro veículo passar por ali. Não sei explicar por que, mas não me incomodo com isso e sigo em direção ao portão de ferro azul, descascado e gasto.

Tudo parece menor e mais envelhecido do que eu tinha na memória. Coloco minha mão por dentro da grade e aciono o trinco do portão, que se abre sem esforço, fazendo um rangido familiar. Diante de mim está a porta da frente da sala humilde de 3 metros quadrados. Viro a maçaneta e entro no cubículo. Está tudo como antes, assustadoramente conservado pelo tempo.

Um sofá velho marrom, uma estante bamba com uma TV de tubo e uma vitrola, uma mesinha de centro com o tampo amarelo desbotado. Móveis comprados em épocas diferentes, que pouco combinavam entre si. O chão de taco e sinteco arranhado me mostra o caminho dentro da casinha que conserva o mesmo cheio de lar de que me lembro.

Sei que no segundo quarto à direita vou encontrar o que vim buscar. Apesar de não saber exatamente com nitidez o que é. Mas aquele é um quarto familiar, antigo e cheio de lembranças, muito mais do que o restante da casa inteira.

Estou certa em minha percepção. Entro no quarto minúsculo, vejo a cama de madeira clara e o colchão de solteiro forrado por um lençol rosa cheio de bonequinhas pintadas. Então eu a vi ali, sentada no chão e com os braços apoiados em um caderno na cama.

Ela percebe minha presença, para de desenhar, me olha e sorri. Demoro alguns segundos para sorrir de volta, porque meu cérebro luta para entender o que está acontecendo nesse quarto. Por que minha filha, Alice, está aqui, com essas roupinhas antigas e gastas, desenhando no quarto em que passei a maior parte da minha infância?

Quando estou prestes a perguntar a Alice o que ela e eu estávamos fazendo aqui, percebo, num susto, que essa não é Alice. Essa não é minha filha.

Essa menina sou eu, com 8 anos de idade, escorada em minha cama da infância, fazendo o que eu fazia quase todos os dias: desenhando mulheres e paisagens.

A criança pergunta de forma muito natural, como se estivesse me esperando ou como se eu fosse alguém que chegava todas as tardes:

— Vai ficar parada aí? Achei que tinha vindo conversar comigo!

Minha voz não sai. Não consigo juntar palavras, não consigo reunir sinapses cognitivas para formar uma frase sequer. Só consigo olhar para essa garotinha sentada aqui me observando, parecendo um pouco decepcionada pela minha reação desbaratinada e insegura. Então me obrigo a empurrar meu corpo quarto adentro e me sento sem jeito na beira da cama.

— E então? Como é o futuro? Eu vou andar em carros voadores e conseguir ler mentes? — Sua mão havia parado de desenhar o que deveria ser um foguete incompleto.

Tomo fôlego.

— Bem, meu carro está parado aí fora, mas ele não voa e eu ainda não consigo ler mentes — falo, me sentindo mais à vontade naquele contexto muito louco.

Ela continua olhando para mim, como se esperasse eu concluir o pensamento para dar mais informações detalhadas, e então me pego falando sem parar.

— Será que eu posso mesmo falar como é a minha vida? E aquele negócio de paradoxo temporal de o futuro interferir no passado e cancelar o futuro criando outro futuro? — rio. Nem eu mesma estou me entendendo e percebo que estou sendo influenciada por filmes dos anos 1980 e 1990, e que Michael J. Fox, do filme *De Volta para o Futuro*, poderia ser o único naquele momento a entender o que eu queria dizer.

Volto a falar, decidindo contar tudo e me sentindo meio ridícula de estar filtrando as palavras por causa dos filmes da Sessão da Tarde.

— Bem, nós... quer dizer, eu, ou melhor... você. Isso, você vai crescer e vai sair daqui muito cedo. Vai morar sozinha, vai trabalhar, vai se apaixonar, quebrar a cara algumas vezes...

Estou prestes a continuar falando em tópicos quando percebo a oportunidade única que está na minha frente, então mudo completamente o discurso e agora minha voz sai mais ansiosa e concentrada:

— Tudo que te contam sobre sucesso, tudo o que você vê na TV, é ilusão, é uma armadilha. Nossa mãe vai te dizer que você tem que fazer uma faculdade séria em uma universidade federal e, para isso, vai te colocar em uma escola preparatória para o vestibular. Você vai sofrer pra passar, mas vai conseguir.

— Jornalismo? — ela pergunta, curiosa, com um sorrisinho.

— Sim, mas não é o que você está pensando. Você vai querer abandonar, porque vai perceber que o que você quer fazer não tem nada a ver com jornalismo. E então você vai precisar trabalhar para pagar as contas e vai conseguir uma vaga de estágio em uma empresa muito bonita. Cuidado! Lá vai parecer que o certo é trabalhar em empresas bonitas, vestindo roupas caras e sendo chefe de um monte de gente.

— Isso me parece legal — diz ela, me encarando.

— Parece mesmo, eu sei. Mas, no fundo, não é. Entenda, a gente, você e eu, não temos nada a ver com esses ambientes de empresas sérias e formais, e você vai precisar adoecer para descobrir isso.

Agora ela está séria e com um vinco na testa, demonstrando preocupação.

— Vão te dizer que você precisa ser uma coisa só. Tipo uma única profissão. Daí você vai se esforçar pra ser essa única coisa, mas, de tempos em tempos, você vai enjoar e perder o interesse na sua carreira e vai sentir necessidade de mudar de empresa e de função. Isso vai te causar bastante sofrimento, porque você vai se questionar muitas vezes sobre o que há de errado com você.

— E o que há de errado comigo? Por que eu não posso ser feliz fazendo uma coisa só?

Nessa hora, relaxo e respondo com toda amorosidade que existe em mim:

— Porque você é múltipla.

Ela continua em silêncio.

— Você vai descobrir uma espécie de inspiração, criatividade, natureza instintiva, sei lá, e então tudo vai mudar na sua vida. Você vai pedir demissão das empresas bonitas, grandes e formais e vai abrir sua própria empresa. A primeira não vai dar certo. Mas a segunda empresa vai crescer muito e vai impactar milhares de vidas.

Seus olhos são pura curiosidade.

— Eu vou me casar? Vou ter filhos? — ela pergunta.

— Três filhos.

Faço uma pausa e presto atenção em sua reação, para ver quão assustada ela ficaria. Bem, se ela se assustou, conseguiu disfarçar, porque continua me olhando atentamente, aguardando mais informações.

— Você vai ter um relacionamento ruim, ruim mesmo. E vai demorar para sair dele. Mas vai sair, e então você vai se casar num vestido branco lindo e numa igreja à beira-mar. Mas também não vai ser feliz, até descobrir que, para ser feliz, você não precisa de um casamento. Aí vai dar tudo certo. Mas, na real, nada disso que estou falando é importante. Deixe-me falar o que importa.

Então, desço da cama e me sento no chão ao seu lado. Sem pensar, tomo a garotinha em um abraço e começo a falar em seu ouvido:

— Você é uma criança especial. Esse desenho que você está fazendo... não pare de desenhar. Esse é um dom que o Universo te deu. Porque eu vou usar o desenho em tudo que eu faço na minha empresa. Respeite a mamãe. Eu sei que ela trabalha demais e que às vezes te magoa, mas, olha, ela faz o melhor que ela pode. E nosso pai... — Ela se retrai em meu abraço e eu a puxo mais para junto de mim. — Ele te ama. Do jeito dele. Do jeito que pode. Mas confie em mim, ele te ama e ele é exatamente o que você precisa. Você é amada demais, então, por favor, por favor, por favor... se ame e se orgulhe de você. Curta a vovó e o vovô. Eles vão embora a qualquer hora. Eu sinto muita falta deles. Então vá lá hoje e diga a eles o quanto você os ama. Faz isso? — E então eu me pego chorando.

Ela faz que sim com a cabeça e eu continuo:

— Vai parecer que tudo vai dar errado antes de dar certo. Você vai se sentir muito sozinha antes de se sentir plena e feliz. Vai ficar completamente sem dinheiro antes de ter mais dinheiro do que jamais sonhou ter. As coisas ficarão difíceis, mas você é forte, vai passar. E você vai receber ajuda. Você vai ficar bem. Eu te amo. Eu me orgulho tanto de você. Tanto!

Afrouxo o abraço para olhar em seus olhos:

— Vai ficar tudo bem!

Ela, então, com os olhos brilhando como os meus, me pergunta:

— Por que você veio?

Então eu entendo. Imediatamente sei o motivo de tudo aquilo. O porquê de eu estar visitando minha versão criança na casa onde cresci. Tudo fazia sentido agora:

— Neste exato momento, esse nosso encontro está sendo contado em um livro. Nosso livro. Que você escreverá quando tiver a minha idade. E agora mesmo tem uma mulher lendo a gente e participando em tempo real desse nosso encontro.

— Quem é ela?

— Ela é uma mulher como nós. Múltipla, potente, forte na alma e que está nos lendo e procurando um monte de respostas. Ela é incrível como você. Curiosa, criativa, engraçada, cheia de sonhos. Exatamente como você e eu.

— E ela vai encontrar essas respostas que tanto quer? — Ela estava tão interessada quanto eu em nossa leitora misteriosa.

— Vai, sim. Ela está prestes a descobrir.

Abraço mais uma vez aquela menina ali no chão comigo e sinto o cheiro de seus cabelos, já sabendo que preciso me despedir. Pego o caderno que estava em cima da cama e desenho nele uma floresta e uma mulher caminhando entre as árvores. Enquanto isso, ela me observa e pinta de verde algumas folhas nos cantos do papel.

— Eu preciso ir agora. — disse a ela.

— Tá bom. Obrigada por vir. E como eu vou saber o final dessa história?

Eu me levanto e me encaminho para a porta. Antes de sair, respondo:

— Você vai construir essa história. Dia a dia. Em tempo real. Não tenha medo. Você vai ficar bem e vai ser muito feliz. — Assim como nossa leitora misteriosa.

Então ela volta a desenhar e eu saio pela porta do quarto minúsculo.

****

Acordo deitada no sofazinho na varanda do meu apartamento. Olho o mar à minha frente, calmo e silencioso. Havia sido um sonho. Respiro fundo e agradeço, convicta de que o encontro com a minha criança interior tinha sido, sim, apenas um sonho. Mas a leitora misteriosa existe e de repente me sinto feliz em estar aqui na sua companhia.

Prefácio
Por Ayeza Umpierre

Você não precisa de um ponto de virada no digital. Precisa ouvir os sinais.

É impossível você não ver a história da sua vida passando bem na sua frente enquanto é cuidadosamente guiada através de cada palavra gravada nas páginas deste livro. Fique certa de que você também irá se emocionar, se surpreender e descobrir por que Isabele Moreira se tornou a inspiração de milhares de mulheres em todo o mundo – e eu me incluo nesse grupo.

Antes de continuar, preciso te alertar que neste livro não está a história de uma mulher que se encaixou nos padrões de sucesso que tivemos como referência até aqui, justamente porque é essa referência de um sucesso encaixotado em padrões definidos por outras pessoas e pela sociedade em que fomos criadas que Isa veio ao mundo para reescrever.

Nada de terninhos bem-cortados, cabelos superescovados e mulheres sozinhas subindo escadas feitas de gráficos que as levam para o infinito. E não é que ela não tenha tentado ser assim. Você vai perceber que ela realmente tentou se enquadrar e seguir o script de uma vida bem-sucedida, dentro da ideia que foi vendida para toda mulher que nasceu depois que os sutiãs foram queimados para nos dar o direito à liberdade.

Mas a que custo?

Para contar sua história de sucesso com um faturamento que já ultrapassou R$ 25 milhões e comemorar a marca de mais de 15 mil alunas transformadas através do Negócio Feminino de Educação Digital criado por ela, Isa precisou passar por 15 anos no corporativo, um burnout, dois relacionamentos abusivos e ainda ir equilibrando a balança de criar três filhos enquanto a vida acontece.

Foi quando o medo de não dar certo (mais uma vez) bateu à sua porta, que ela se deu conta de que na verdade estava vivendo no automático: domesticada pelas convenções e padrões herdados de uma sociedade adoecida e patriarcal, onde a mulher de sucesso do Google (não se preocupe, você vai entender a referência nas próximas páginas) nem de longe refletia o sucesso que ela realmente desejava ter.

A partir daí, a aventura realmente começou! Havia chegado a hora de abraçar sua própria jornada feminina e cíclica de altos e baixos. Encontrar a sua autenticidade em uma forma única de empreender e descobrir o caminho para resgatar a si mesma em sua natureza mais selvagem e instintiva: do desespero à esperança, da fraqueza à força, da tolice à sabedoria e do medo à coragem.

Hoje, Isabele Moreira é uma referência de sucesso que transcende os limites da internet. Empresária visionária, excelente estrategista digital e artista em sua própria essência. Direcionou sua mente caótica (como ela mesma diz) e investiu toda sua criatividade na realização de um dos projetos mais audaciosos que uma mulher poderia ousar pensar: liderar uma comunidade global de mulheres na criação de negócios femininos, potentes e altamente lucrativos.

Apesar de genuinamente acreditar que as novas referências que Isa nos traz ao longo dessas páginas já são reveladoras o suficiente para que esse livro seja lido diversas vezes, como um livro de cabeceira que nos acompanha pela vida toda, esta obra não é sobre ela. Não é sobre a autora e sua jornada de sucesso. E olha que essa já seria uma história e tanto!

Na verdade, este é um livro sobre você e a Mensageira Selvagem que existe aí dentro – e talvez vocês ainda nem tenham sido apresentadas. Ele é sobre todas as mulheres que estão vivendo este momento no Brasil e nesse planeta.

É um livro sobre a jornada da mulher domesticada que anseia por soltar sua voz e ocupar o seu lugar no mundo, na carreira, na família, nos negócios e, acima de tudo, em sua própria pele. É principalmente sobre a oportunidade única que nossa geração tem de deixar um legado inédito e autêntico ao perpetuar a nossa mensagem mais profunda, permitindo que ela ganhe proporções que nenhuma mulher antes de nós teve a possibilidade real de manifestar.

Talvez, à primeira vista, isso pareça grandioso demais. É possível até que você esteja se perguntando: "Quem sou eu para ser uma mensageira? Será que eu teria alguma coisa para dizer, algo realmente novo ou valioso para alguém? Será que eu tenho uma mensagem que outras pessoas realmente gostariam de ouvir?"

Minha resposta é que eu, Ayeza, estava exatamente nesse ponto quando Isabele Moreira cruzou a minha vida em maio de 2021 – e suspeito que seja exatamente esse o motivo de eu ter recebido dela a honrosa missão de apresentar esse livro a você.

Para facilitar, permita que eu me apresente:

Eu sou Ayeza Umpierre, filha única de uma mãe solteira, nascida numa favela do Rio de Janeiro. Engravidei aos 15 anos, mas sempre lutei para não permitir que a "promessa" de que "eu não daria em nada mesmo" se concretizasse. Vivi anos tentando me encaixar em empregos que não eram para mim, até conseguir realizar minha transição de carreira e me tornar oficialmente Terapeuta Sistêmica em 2011. Em 2015, me formei treinadora e comecei a empreender em minha primeira empresa, mas com a chegada da pandemia, precisei fechar as portas da minha sala de treinamentos e redescobrir o caminho para levar minha mensagem para o mundo através do digital.

Eu estava recém-separada de um casamento de 18 anos com o pai da minha filha. Tinha deixado tudo para trás na esperança de viver um amor nunca antes imaginado por outra mulher. E obviamente, a lua de mel com a nova relação foi simplesmente atropelada pela vida acontecendo.

Lembro que no dia 5 de maio de 2021 (05/05/2021 – ano que soma 5), eu e Mariangela, minha companheira, aproveitamos o portal que se abria nessa data para reunir nossas filhas e fazer um ritual de prosperidade. Estávamos à espera de um sinal do Universo que nos mostrasse se realmente estávamos no caminho certo, porque dinheiro era mesmo o que a gente estava precisando naquele momento.

Estávamos há todo esse tempo tentando fazer o nosso negócio digital dar retorno financeiro, tal qual a gente via os gurus do marketing dizendo que seria possível, mas reconstruir minha carreira do zero, em um ambiente totalmente novo como o digital, era um desafio que já estava pesando demais.

No fundo, eu sabia que tinha uma mensagem para compartilhar com o mundo. Eu verdadeiramente havia transformado a minha vida e a de outras pessoas no off-line, mas no digital me via falando sozinha. Eu já estava fazendo bastante esforço para reencontrar minha essência em meio a essa avalanche de acontecimentos que fugiam do controle e ainda me sentia uma impostora tentando vender um caminho para o sucesso que nem eu mesma estava conseguindo trilhar. Parecia que para ter sucesso no digital eu iria precisar "vender minha alma pro diabo", ir contra meus valores e contar histórias mentirosas para convencer as pessoas a comprarem de mim.

Exatos sete dias depois, o Universo me trouxe uma resposta na ficha de inscrição do treinamento online que eu estava vendendo: Isabele Moreira! Gritei para Mariangela vir correndo enquanto eu confirmava a informação. "Será que é ela mesma? A 'euisabele' que a gente já acompanhava a distância pelo Instagram?" O perfil dela no Instagram era @euisabelemoreira e só chamávamos ela assim em nossa casa.

A gente pulou que nem pipoca, gritando na varanda da nossa casa! O sinal que eu tanto ansiava apareceu! "Como ela me conheceu? Como ficou sabendo do treinamento se eu nem estava anunciando direito?" A verdade é que de alguma forma minha mensagem chegou até ela, justamente no momento em que ela queria reciclar conhecimentos que há tempos estavam guardados em suas memórias.

Nos tornamos amigas. Nos dias em que ela vem aqui em casa com suas havaianas coloridas, Mari prepara com todo carinho os mais diversos pratos de camarão para a gente conversar e contar o que estamos criando de novo.

Nós nos tornamos suas alunas também. E assumimos o compromisso de aprender e colocar em prática tudo que fosse necessário para fazer nosso negócio digital ter sucesso do nosso jeito. Em pouco tempo, fomos encontrando o caminho para trazer minha mensagem de forma autêntica para o mundo e transformar a vida de outras pessoas, enquanto transformo minha vida também.

Hoje, tenho o orgulho de dizer que eu, ao lado da minha mulher, Mariangela, e das nossas filhas, Fernanda e Lorena, criamos uma empresa de educação digital no sofá da nossa casa e até esse momento já faturamos mais de R$ 3,5 milhões, por ter impactado a vida de centenas de mulheres nos cinco continentes.

Sem dúvida alguma, foi o impacto da Mensageira Selvagem, que Isabele Moreira traz nas páginas que se seguem, que me trouxe referências e esperança para voltar a acreditar em mim, na minha mensagem e na potência de trazê-la ao mundo.

Você não vai precisar de um milagre para ter acesso a essas referências tão transformadoras que mudaram para sempre o rumo da minha vida. Tudo que você precisa fazer é ouvir o chamado, virar a página e encontrar a sua mentora nessa jornada. É só o começo. E o fim é sempre melhor que o começo!

Ayeza Umpierre

Treinadora sistêmica e criadora do método Destrave Sistêmico de Resultados

Introdução
A serendipidade veio surpreender você

Esse livro fala sobre uma mulher que um belo dia descobre que sabe bem menos do que deveria sobre si mesma, sente uma vontade incontrolável de mergulhar em um processo de autodescoberta.

E, quando mergulha, entende que a vida a preparou para esse momento, porque esse mergulho não é apenas sobre ela, mas também sobre todas as demais mulheres do mundo.

De repente, ela percebe que tudo que precisa fazer é contar sua experiência, partilhar o que sente, vive e descobre com outras mulheres e que nada faz mais sentido do que isso. Contudo, para que isso aconteça, um caminho precisa ser percorrido.

SPOILER — É deslumbrante e assustador. Na mesma proporção.

Tenho o dom de me apaixonar por palavras, ideias e expressões. Algumas delas são como tomar sorvete ao pôr do sol. Um frescor para a alma.

Por duas vezes, essa paixão foi irrevogável a ponto de me fazer parar toda a rotina caótica, ligar para um estúdio de tatuagem e marcar para o mesmo dia uma sessão.

Tenho duas *tattoos* que foram feitas assim: calibradas no amor a duas expressões.

A primeira, uma loba no meu antebraço direito. Essa loba representa o nome que dei a esse livro — SELVAGEM. Falarei mais disso adiante.

A outra, no momento em que escrevo este capítulo, ainda está cicatrizando no meu braço esquerdo, perto do pulso — SERENDIPIDADE.

Essa palavra é tão linda e tem um significado tão amplo que sempre demoro um tanto e depois pego no tranco na tentativa de explicá-la.

Tudo começou quando, em 1754, o romancista inglês Horace Walpole escreveu uma carta destinada a um amigo contando a história de um reino e de seus três príncipes, "Os Três Príncipes de Serendip".

A história narra um caso da família real acontecido na ilha Serendip (atual Sri Lanka), na Ásia. De forma bem resumida, o rei de Serendip, informou aos seus três filhos, no leito de morte, que havia enterrado nas terras da ilha um grande tesouro.

Após a morte do pai, os príncipes formaram equipes para cavar as terras do reino e depois de muitos buracos e terra mexida, nenhum tesouro fora encontrado.

Mas, para a surpresa de todos, naquele e nos próximos anos, as colheitas do reino se tornaram as maiores de toda a história.

Acontece que o processo das escavações movimentou as terras do reino de maneira que os irmãos não encontrassem o tesouro prometido, mas o acaso lhes presenteou com outro prêmio: colheitas fartas e ainda a descoberta de como tratar as terras para que se tornassem mais férteis.

É sem dúvida uma linda história, preciso concordar com Horace Walpole. Por isso, inspirado, ele criou o termo "*serendipity*", ou serendipidade na língua portuguesa, para explicar esse maravilhoso mistério do universo. Presentes ao acaso, que não estamos procurando, mas que se tornam surpresas capazes de mudar nossas vidas para sempre. Para melhor.

Essa palavra dançou em minha frente há dez anos, mas não a percebi, não a examinei, talvez por falta de repertório interno. Existe um filme, uma comédia romântica com Jon Cusak, chamada *Serendipity*. Mas por ser uma comédia romântica, trivial e previsível, não foi capaz de me trazer o profundo e avassalador significado da palavra.

Então essa curiosa palavra esperou pacientemente até que eu vivesse o suficiente para que, quando ela desfilasse de novo diante dos meus olhos, eu enfim a pudesse compreender.

E foi o que aconteceu, na semana passada.

Estava analisando uns cadernos antigos com anotações velhas sobre inovação, criatividade e outras coisas que estudo há anos e encontrei SERENDIPIDADE grifada com marca texto verde limão, desbotado pelo tempo.

Os pelos do braço eriçaram. Eu não lembrava o significado da palavra, mas a intuição disse:

— Ora, ora, ora, Isa, taí o que estamos procurando. Dá um *google* vai. Surpreenda-se.

Googlei serendipidade e então entendi. Todo seu significado penetrou de uma única vez em meu coração e essa palavra de estranha pronúncia ficou ricocheteando como um cãozinho de desenho animado depois que ganha seu petisco preferido.

O acaso embrulhado em papel brilhante com laços de fita.

Presentes cotidianos que o Universo manda sem que seja noite de Natal ou dia do aniversário.

Mas o que eu mais amo nessa palavra é que a serendipidade acontece quando você está procurando outra coisa.

É tão incrível e eu dou risada enquanto escrevo. Pare para pensar: você tem um plano e então começa a colocá-lo em prática. Você está lá, linda e pimpona, dando seu melhor, porque está crente, crente de que o resultado virá exatamente do jeitinho que você espera.

Enquanto isso o Universo observa, se divertindo porque ele sabe que apesar de você estar fazendo seu melhor, sua visão do TODO é limitada, ou seja, simplesmente, você apenas acha que sabe o que quer.

De repente, por bom comportamento ou simplesmente porque é chegada a hora, algo é revelado diante de você. Essa história termina com você boquiaberta diante da surpresa recebida, meio desconcertada e ao mesmo tempo maravilhada com o que chegou "do nada" até você.

Sou uma colecionadora de serendipidades, mesmo sendo rainha em me iludir achando que sei exatamente do que preciso.

Como estou sempre em movimento e tentando em vão controlar os acontecimentos, vira e mexe, chega uma serendipidade em minha vida e adentra minha casa interior sem ao menos tocar o interfone.

Engravidar do Theo foi um acaso assim. Eu havia recém-descoberto a necessidade de curar meu feminino e decidi que me livraria no mesmo dia das pílulas anticoncepcionais.

Foram vinte anos de pílula anticoncepcional. Durante essas duas décadas, me convenci de que era empoderada por tomá-las diariamente e me colocar como a única responsável nas relações sexuais por evitar uma gravidez indesejada. Também me enchi de hormônios porque queria loucamente não lidar com meu sangue menstrual.

Durante essas duas décadas, anulei minha ciclicidade e poluí meu corpo, meu templo sagrado. Quando percebi isso, precisei dar um basta imediatamente.

A urgência de parar de anular minha força feminina era tão grande, que eu sequer terminei a cartela daquele mês ou marquei consulta com uma ginecologista. Simplesmente joguei a cartela pela metade na lixeira jurando para mim mesma que nunca mais usaria hormônios e silenciaria minha ciclicidade.

Eu tinha 39 anos e por alguma crença patriarcal, acreditei que meus óvulos eram velhos demais para serem fecundados assim rapidamente. Daria tempo para que nos trinta dias seguintes eu decidisse com calma qual seria o método contraceptivo que seria adotado a partir de então.

Só que não.

Um mês depois eu estava fazendo xixi no palitinho e vendo surgir um tracinho azul no teste de gravidez de farmácia e parabenizando meu marido pela belíssima gravidez, apesar do coito interrompido.

E eu não pretendo romantizar essa descoberta aqui. Quando o positivo chegou, eu estava começando a escalar meu negócio digital. Finalmente entendi o jogo, estava segura e convicta de que 2019 seria o meu grande ano de faturamento e crescimento.

Ao engravidar, senti muito medo. De tudo. De perder a chance, de passar aperto financeiro, já que teria que diminuir o ritmo. Medo de estar desperdiçando o timing perfeito de crescimento. Senti raiva também. Porque eu estava em boa forma, feliz com meu corpo, transando adoidado em uma fase muito conectada com o Gustavo, meu marido.

Mas o palito estava ali, azul. E, querendo ou não, mesmo não tendo plano de saúde, mesmo no ano da minha escala digital, eu teria um bebê. Eu que lidasse com isso, afinal a adulta era eu.

Ainda vou abordar a maternidade aqui, mas, para resumir, Theo é uma criança incrível, esperta, sagaz e uma das mais lindas serendipidades da minha vida.

Trabalhar com mulheres na internet também é um baita acaso entregue pelo destino, porque, em 2016, quando decidi empreender na internet, eu queria apenas a rotina que o digital proporciona: trabalhar de casa, pela internet, encontrando a tão sonhada liberdade — financeira, de tempo, geográfica, e qualquer outra liberdade que esse trampo poderia me dar.

Desde o primeiro dia em que comecei a comunicar pela internet e desde a criação do meu primeiro produto, me apaixonei por esse trabalho.

Mas dizer que, no início, eu queria dedicar minha potência criativa para ajudar mulheres a serem protagonistas em seus negócios e suas vidas? Nem de perto eu imaginava algo assim.

E posso provar isso para você:

Meu primeiro produto digital se chamava "A Bíblia do Treinamento Eficaz". Era um curso que ensinava a aplicar treinamentos corporativos de alta performance, e meu primeiro aluno foi um homem.

Somente depois de muitos meses trabalhando, buscando, comunicando, ofertando, ora vendendo, ora não, é que veio o presente: uau, o que eu quero é trabalhar com mulheres.

A revelação que veio da minha própria história foi uma das maiores serendipidades que vivi até agora, porque dela desdobrou todos os grandes fatos de 2019 até 2022, passando pelo resgate da minha natureza selvagem feminina e instintiva, incluindo escrever este livro.

Mas, pensando em "*serendipity*" de maneira mais profunda, o que mais me encanta é que ela não dá as caras para a pessoa que desistiu. Aquela pessoa que escolheu abraçar uma existência no piloto automático. Aquela que passa os dias anestesiada nas redes sociais e as noites enfiada em uma reprise de série qualquer. Serendipidade não perde seu tempo divino com criaturas que reclamam de tudo, mas que não dão nenhum passo para longe do "tudo" que as está incomodando.

Eu gosto desse senso de justiça que a serendipidade tem.

PRINCÍPIO SELVAGEM

A serendipidade é um presente do Universo que somente é dado para pessoas que estão em movimento. É preciso agir para receber o presente.

Porque é só você se mexer um pouquinho, dizer um não aqui, um sim ali. Mudar algo e começar algo novo, mesmo que modestamente, e plimmmmm: a serendipidade acontece.

E você a recebe com assombro, sem palavras e sem entender como é possível receber algo tão bom que nem mesmo você havia imaginado.

Esse livro é sobre resgate. Resgate de criatividade, do feminino. Resgate de nós mesmas. Resgate de uma autoralidade que pulsa em nós mulheres e deságua ruidosamente a ponto de nos tornarmos mensageiras no mundo.

E quanto mais resgatamos, mais nos movimentamos, mais *serendipity* chega. Você está preparada?

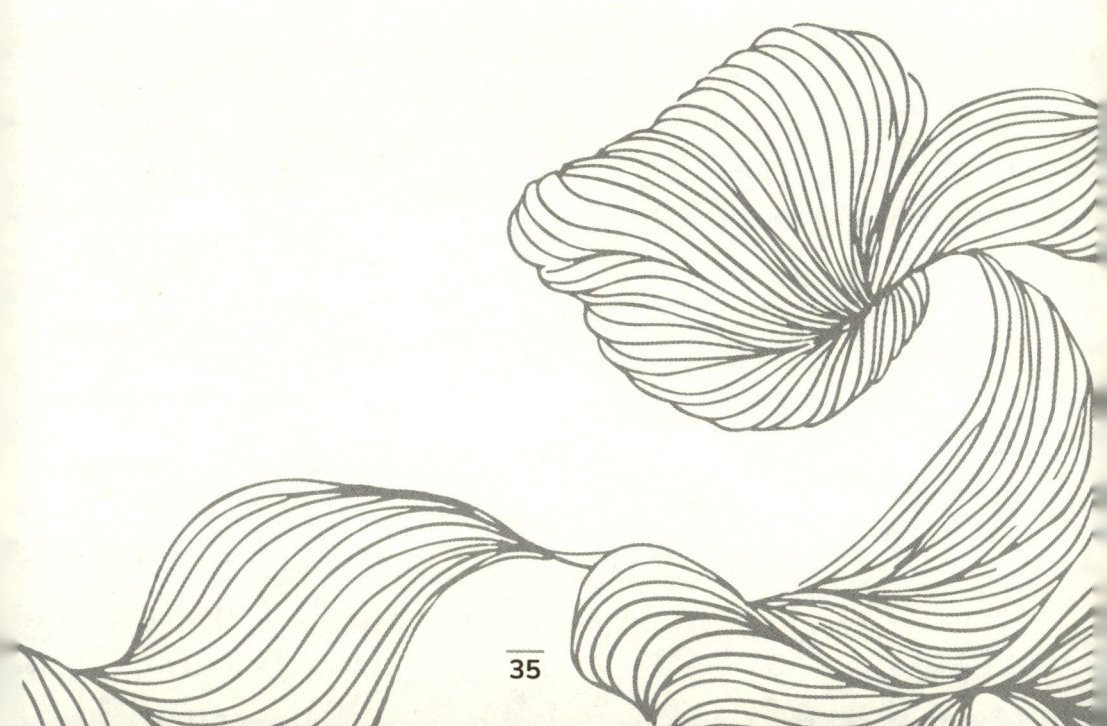

Atividades selvagens

1. Ao acordar, não pegue seu celular logo de cara.

2. Faça uma atividade por você, como meditar ou passar um café.

3. Durante essa atividade, pergunte ao seu corpo e ao seu coração o que você mais amaria realizar, sem deixar sua mente dizer que é impossível.

4. Apegue-se a esse sonho e fique com ele alguns minutos, sentindo-o no corpo.

5. Ao longo desse mesmo dia dê um passo concreto em direção a ele. Pode ser se matricular em um curso, abrir um planejamento novo, mandar um WhatsApp, marcar uma *call* ou produzir um conteúdo. Algo que seja simples, mas útil ao projeto.

6. Nos dias seguintes, continue trabalhando silenciosamente na evolução desse projeto.

7. Confie.

8. A serendipidade dará as caras por aí. Pode acreditar.

Uma mensageira deixa pistas

Por culpa do meu avô Aristides, dos 4 aos 6 anos, meu sonho era tomar sopa de pedra e comer palitinhos de yuka.

Meu avô foi a grande referência masculina da minha infância. Ele fez as vezes de pai e cuidou muito de mim, já que meu próprio pai não se preocupava o suficiente para ocupar esse papel.

Uma das lembranças mais vivas que tenho é das historinhas que ele me contava enquanto molhava as plantas do jardim de sua casa.

Havia uma história que eu insistia para que ele sempre repetisse. Era a história do grupo de crianças que se perdiam na floresta e, para sobreviver, faziam sopa de pedra.

Ele narrava a sopa sendo cozida com riqueza de detalhes sensoriais. Na minha imaginação, ela era encorpada, cheirosa, cheia de temperos mágicos e as pedras eram cozidas e ficavam macias como a textura de almôndegas suculentas.

As crianças tomavam a sopa e depois encontravam uma plantação de yukas, que meu avô contava ser composta de arbustos com galhos finos em cuja ponta havia doces cor-de-rosa. Gosto de imaginar as yukas como algodões-doces versão vegetal.

Escrevendo agora sobre essa memória, mesmo quarenta anos depois, sinto vontade de tomar sopa de pedra e comer yukas de sobremesa na floresta.

Meu avô era sem dúvida um mensageiro.

O que faz uma história, no meio de infinitas outras, merecer ser contada? E por que raios uma história merece ser OUVIDA?

Afinal de contas, as pessoas andam tão ocupadas em suas vidas ultraconectadas, consumindo fragmentos de histórias de pseudo-heróis na internet. As pessoas estão tão atoladas tentando vencer o tempo, dar conta de tudo, equilibrar papéis, ir à academia, pagar seus boletos e viver um grande amor.

E o que é uma mensagem?

Uma mensagem é toda e qualquer manifestação criativa compartilhada no mundo. Se você é uma advogada e quer criar um projeto digital, você tem uma mensagem. Se você é uma desenhista e quer viver de encomendas de sua arte, você expressa sua mensagem através do desenho. Artesãs, médicas, mães, mentoras, conferencistas, dentistas, escritoras, gestoras. Todas são mensageiras.

A mensagem é tudo que transcende do ser. A mensagem é o que queremos deixar de legado. E esse legado pode ser um livro, mas também uma sorveteria de bairro, uma escola de cursos digitais ou uma escultura colorida feita de material reciclado.

Tudo que possui significado é uma mensagem.

Vivemos tempos tão incríveis que, pela primeira vez, é possível que uma mensagem não tenha limites geográficos.

Penso sempre na minha avó materna, dona Dulcinea, como uma das mais incríveis mensageiras que já conheci. Vovó era professora de alfabetização e tinha uma escola nos fundos de sua casa, no bairro da Posse, em Nova Iguaçu, uma cidade da Baixada Fluminense, no Rio de Janeiro.

Vovó passou décadas alfabetizando crianças com o próprio método. Ela criou uma forma de ensinar tão encantadora, didática e transformadora que vinham crianças de outros bairros, cujo processo de alfabetização tinha sido traumático em outras escolas, e saíam das mãos da minha avó lendo e escrevendo.

Quantas e quantas crianças, como eu e meus primos, aprenderam e tomaram gosto por ler livros por causa das aulas da escolinha dela? Ela era a autoralidade em pessoa. Tinha um método. Uma mensagem.

Mas essa mensagem jamais saiu dos limites daquele bairro pobre. O método de vovó não percorreu o mundo. Porque quando ela brilhou com sua mensagem nas quatro paredes da escolinha, ainda não existia a internet.

Imagine se hoje dona Dulcinea pudesse usar as redes para educar professoras e pedagogas do mundo inteiro com aquele método empático que se foi com ela?

Minha avó não teve o privilégio de viver a internet. Ela fez o que pôde, com todo amor e paixão que pulsam no coração de uma verdadeira mensageira e posso agora ouvir sua voz dizendo: eu apenas abri os caminhos. Façam agora a parte de vocês.

Ela está falando comigo e com você.

Nós podemos e devemos não só tornar nossas mensagens públicas, como temos a chance de viver delas. Que privilégio.

Assim como existiu a dona Dulcinea e incontáveis outras ancestrais mensageiras na humanidade, existem nesse exato momento mulheres que precisam (e merecem) ser ouvidas. Não apenas por sua necessidade humana de acreditar, se sentir útil e viva, ou ainda por sua necessidade de se sentir vista, percebida e amada, mas porque, de fato, para o mundo, a mensagem dela importa. Essa mulher é uma alma criativa, múltipla, cheia de ideias, ímpeto e sonhos para colocar no mundo. Essa mulher merece ser notada, porque é muito óbvio que todo o mundo se beneficia disso. A questão já deixou de ser apenas sobre ela faz tempo, agora é sobre a humanidade.

Quando uma mensageira, cuja fala ajuda pessoas, é ouvida, acontece uma linda e potente metarrevolução, fenômeno que batizei assim, porque a potência da mensagem muda a vida de quem a escuta, de quem a fala, mas também constrói a força do exemplo.

Precisamos de heroínas. Mensageiras, comunicadoras, escritoras, professoras que ganhem fala mundial e lastro digital para suas mensagens. Precisamos de referências.

Quando uma mensageira através de sua autoralidade alcança destaque, fama, dinheiro, reconhecimento, ela inspira outras mulheres a terem coragem e a perceberem que hoje é seguro para uma mulher dizer aquilo em que acredita.

Entende? É feminino. É filosófico. Ancestral. Poético. Político.

Na minha jornada guiando mulheres no caminho de se tornarem mensageiras profissionais, percebo que todas possuem algumas características em comum. A mensageira é essa mulher:

— Ela tem o ímpeto de ajudar pessoas. Ela realmente se importa.

— Ela estuda muito e ama compartilhar o que sabe.

— É comprometida, interessada.

— Ela tem a sensação de que pode e merece mais.

— Sente muita atração por se comunicar na internet.

— Quer ser bem paga, mas principalmente ser reconhecida pelo bem que faz através do seu trabalho.

— O coração dela pede por empreender.

PRINCÍPIO SELVAGEM

A mensageira é a mulher que se sente diferente no meio onde está e quer coisas que as pessoas que estão por perto não querem. Ela tem o ímpeto de ser ouvida e de encontrar a sua turma.

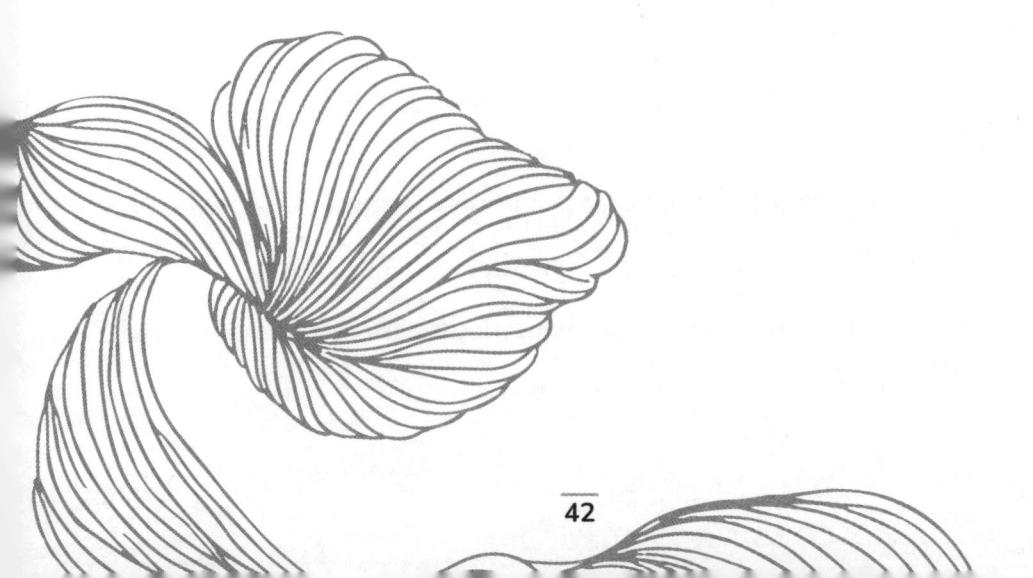

A CAÇA PREDATÓRIA À MENSAGEIRA

Existe uma legião gigante de mensageiras vivendo vidas disfarçadas. Algumas simplesmente não querem ou não conseguem abrir mão dos seus disfarces cotidianos por medo de serem descobertas. Outras andam tão distraídas, desconectadas da própria alma, que não cogitam o fato de que são mensageiras autênticas.

O *modus operandi* da sociedade moderna, através do patriarcado, convenceu as mensageiras de que buscar o protagonismo, trabalhar para ser vista, valorizada e admirada é um ato de egoísmo. Ou ainda plantaram outros termos como inadequado, ineficaz, vergonhoso, ganância, pecado, desserviço, impossível, um despautério, uma alucinação ou ilusão desmedida.

Então a mulher passa a viver uma eterna e cansativa dualidade. Ela escuta há tempos uma voz interna que a diferencia das outras pessoas. Ela percebe que sempre teve ideias demais, sonhos, questionamentos. Essa voz, uma consciência que a desafia falando: você merece mais. Você deve fazer diferente.

Essa voz é da inspiração, uma presença que a maioria das pessoas passa a vida inteira sem perceber. A inspiração sabe que existe uma caça predatória aos sonhos femininos. Por cautela, ela sussurra por meio dos sonhos, ou quando encontra a mulher a sós, seja enquanto ela está abastecendo a máquina de lavar com as roupas da família, quando está no engarrafamento dirigindo sozinha ou no banho, quando ela se pergunta sobre quando terá coragem de mudar.

Mas existem dois desafios que essa mulher enfrenta:

O primeiro é existencial. Talvez o mais difícil.

O problema é que, como a maior parte de nós não escuta a voz da inspiração, a pressão do mundo externo, do *status quo*, se torna esmagadora.

O *status quo* convida, barganha, ameaça e chantageia a mensageira a abrir mão da inspiração e do fogo de concretizar algo que mais ninguém fez.

Daí a mensageira cede, sente medo, culpa e dúvida. Por um tempo a pressão se torna tão avassaladora, que ela finge se corromper ao sistema comum, por vezes ela até se convence de que é feliz na vida comum.

Mas, ao dormir, sozinha, nos sonhos em noites agitadas, ou ainda de tempos em tempos, ela ouve a voz novamente.

Em algum momento, a presença da inspiração é tão forte que ela não consegue mais ignorar. E aí vem o momento tão importante: é quando ela se permite, para além do medo, se perguntar: será? Será que eu consigo?

Nem que seja por um flash, a mensageira é acometida por uma emoção que é um misto de tesão, coragem, vontade, medo e assombro. Seu coração quer responder em seu lugar: sim, sim, nós queremos. Por favor.

Mas nem bem ela consegue se recuperar dessa descarga de adrenalina do novo, vem o segundo desafio: como?

Porque existe uma capa da invisibilidade presa ao pescoço dessa mulher. Ela quer criar um produto e um serviço autoral, quer ajudar pessoas, mas essas pessoas não a conhecem. Ela se sente invisível.

O sentimento de invisibilidade é entendido por todas as mulheres. Todas nós já fomos ignoradas em uma reunião, interrompidas em uma conversa, preteridas em uma entrevista. Todas nós já nos silenciamos porque acreditamos não ter nada de útil para compartilhar.

A voz da inspiração é soterrada pelo medo. O *status quo* sorri, satisfeito. Porque essa mulher aprendeu que qualquer coisa que ela deseje realizar precisa ser cem por cento controlado.

O controle se desdobra em milhares de perguntas paralisadoras:

— Como produzir conteúdo?

— Como falar de um assunto que tantas outras mulheres já falam?

— Por onde começo?

— Mas como eu vendo, afinal?

— Aliás, o que eu vendo?

— Quais as ferramentas?

— O que eu falo nos stories?

— Como eu gero conteúdo inédito todos os dias?

— Será que vou dar conta?

— Mas não é tarde demais?

— Como vou aprender tantas coisas?

Passei por tudo isso. Sou uma mensageira desde criança. Eu era mais sensível e introspectiva que as demais crianças, e usava o desenho para manifestar e me expressar. Depois comecei a escrever poesia e pequenos contos. Tive a fase de aprender a tocar violão, desenhar revistas em quadrinhos, e várias outras formas de expressar uma mensagem que transbordava e eu mesma não sabia ainda qual era. O fato é que desde muito nova flertei com a inspiração e fui uma mensageira antes mesmo de ter uma mensagem para comunicar.

E, por isso, você pode estar achando que alcancei notoriedade como mensageira desde muito nova, afinal eu flertava com a mensagem e com a inspiração desde criança. Mas a resposta é não.

Ao chegar na adolescência sucumbi ao mundo e a sua barganha. O *status quo* colocou suas garras em mim. A caça à minha voz começou e eu nem sabia que havia uma caçada.

Em um mundo onde eu pudesse ser ou fazer qualquer coisa, eu teria escolhido viajar, fazer intercâmbio, pintar, criar e fazer teatro. Mas a barganha oferecida pelo *status quo* era abraçar a vida adulta da carreira segura e dos boletos. Me foi dada a opção de estudar para passar no vestibular em uma universidade pública federal, cursar Jornalismo, ter uma carreira.

E, sim, entendo que em um contexto brasileiro, até que a barganha me privilegiou bastante. Poderia ter sido muito pior, eu sei. Mas, ainda assim, era um chamado para viver a vida como outras pessoas. Escolher o que faria não por causa do que eu amava, mas algo que pudesse seguramente me dar dinheiro para sustentar um teto e minha lista de compras mensal.

Dei *check* na lista que a vida adulta domesticada tinha para mim e me esqueci de investigar mais sobre a minha própria mensagem, mas felizmente a voz da inspiração não desistiu de mim. Assim como ela não desiste de todas as mensageiras disfarçadas.

PRINCÍPIO SELVAGEM

A mensageira testemunhará em sua mente uma batalha entre a barganha e a inspiração. Somente ela tem o poder de acabar com a batalha. A mensageira precisa escolher um dos lados.

A inspiração permaneceu ecoando até que eu não pudesse mais ignorá-la. E senti medo dela e de mim mesma. Contudo, encontrei uma forma de burlar o medo, de dar voz à inspiração, encontrar a mensagem ideal pra mim e vencer a invisibilidade.

A mensageira também pode respirar aliviada porque a mensagem não precisa vir em um kit de sucesso, milhões, mudar o mundo ou qualquer outra expectativa que diminua o brilho despretensioso de uma boa mensagem. A mensagem só quer ser dita. A mensageira só precisa dizer. Não é sobre ter sucesso. É sobre ser livre.

Comecei este capítulo questionando o que faz uma mensagem merecer ser contada e ainda receber a honraria de ser ouvida. A resposta é muito mais simples e natural do que a mente racional tenta nos convencer.

O anonimato não é o lugar onde a mensageira habita.

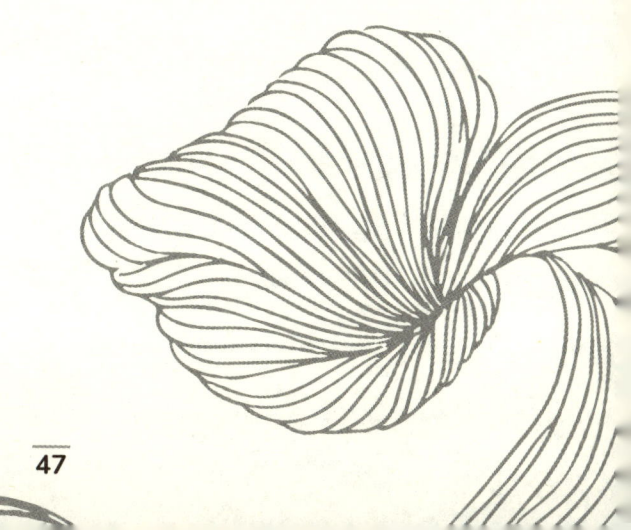

Atividades selvagens

1. Em um caderno escreva o que você mais amava fazer na infância e deixou de fazer.

2. Escreva o que você gostaria de experimentar ou fazer, mas ainda não teve a oportunidade.

3. Escreva quatro qualidades ou talentos seus.

4. Descreva o tipo de projeto que você faria se a busca pelo dinheiro não fosse tão urgente.

5. Agora junte tudo isso e esboce, sem controle ou necessidade de acertar, a mensagem que você amaria levar para o mundo.

A primeira armadilha:
O empreendedorismo

ISABELE MOREIRA

15 de dezembro de 2014.

Eu assinava a demissão no meu último emprego de carteira assinada. Depois de quinze anos no meio corporativo, onde cresci de estagiária a gerente geral de empresas muito importantes, era chegada a hora de me retirar.

O rapaz do administrativo fez um comentário: "Nossa, nunca vi ninguém ficar tão feliz por ser mandada embora".

A realidade é que cavei aquela demissão. Recém-voltada da licença maternidade, a empresa não via com bons olhos uma puérpera em cargo de liderança. A puérpera por sua vez se sentia pronta para recomeçar.

Juntei R$ 40 mil reais, abri uma empresa e escrevi um plano de negócios.

Sentia-me agradecida por tudo ter dado certo até ali. Eu estava pronta para viver a liberdade, o dinheiro e o propósito que eu acreditava serem inerentes ao empreendedorismo.

Não tinha como dar errado. Será?

LI-BER-DA-DE.

Fale essa palavra em voz alta. Vai, diga em voz alta. Eu estou pronunciando LIBERDADE agora em alto e bom som.

Foi essa palavra que fez você querer largar a vida convencional, não é mesmo?

Mas perceba agora, mais de perto, que não foi a liberdade em si que te fez questionar o *status quo* e a vida normal. Você abraçou a promessa da liberdade, aquela que você nunca viu nem experimentou, mas que acredita que exista. Uma aposta.

Agora, com o desejo instalado, você se convence que é só trabalhar longas jornadas, vencer todas as fases do jogo do empreendedorismo, matar o vilão no combate final e seu prêmio, a liberdade, estará garantido.

O engraçado (e irônico) é que, na maioria das vezes em que uma mulher me fala sobre a promessa da liberdade, eu pergunto a ela: o que é liberdade para você?

Essa mesma mulher precisa vidrar seus olhos no nada por alguns segundos e formular uma resposta. O conceito se tornou tão etéreo e instagramável que ela mesma não lembra mais sobre qual liberdade estava pensando, ou se de fato pensou a respeito.

Vamos facilitar. De acordo com o dicionário, o antônimo de liberdade é dependência, submissão, sujeição, subordinação, dominação.

Significa que quando uma mulher decide empreender, porque quer liberdade, ela está se sentindo em algum nível dependente, submissa, sujeita, subordinada e dominada. Vamos combinar que são adjetivos que foram sobrenomes femininos por séculos.

Agora, será que a jornada em busca dessa liberdade é exclusivamente o empreendedorismo? Acredito que essa discussão seja bem mais profunda.

Já me senti dependente, submissa, sujeita e dominada quando estava vivendo um relacionamento abusivo, por exemplo. Aliás, tenho dois na conta.

Meu relacionamento de uma década com o pai da Ale, minha filha mais velha, fez com que eu me sentisse presa, refém, exaurida por todos esses anos. E não era uma questão de dinheiro, porque sempre tive um bom salário e poderia ter bancado a mim e a minha filha durante todo esse tempo. A questão era mesmo emocional. Em um nível que é difícil de explicar.

Sabe aquele pássaro criado em gaiola que conhece apenas os espaços que seus olhos alcançam e todos os dias é alimentado com alpiste dentro de um potinho? Se a portinha da gaiola abrir, é possível que o bichinho nem tente sair porque, afinal de contas, ele desconhece o que tem ali fora.

No caso do meu relacionamento, o pai da minha filha dizia que me amava muito, e que por isso sentia muito ciúme e que esse ciúme era agravado pelo fato de eu ser quatorze anos mais nova que ele. Em nome desse ciúme, ele achava ok revirar minha bolsa, contabilizar a quantidade de minutos que eu ficava no banho após o trabalho. Ah, e ele me seguia na rua também, porque, afinal de contas, ele me amava demais. A questão que mais me confundia é que essa era só uma versão dele. Aquela versão que aparecia quase todos os dias, é verdade, mas havia outras também. Havia a versão "pai interessado". Ele era um pai ok. Nada de extraordinário, mas era atencioso e se preocupava. Como não tive uma presença paterna, aquilo era ser o melhor pai do mundo. Perspectivas míopes de quem não tinha referências sobre o assunto. Também tinha a versão romântica. O cara que de vez em quando escrevia um bilhete, um "eu te amo". Ou que falava doce no telefone.

Essas versões todas se misturavam e eu tinha muita dificuldade de diagnosticar aquilo como um relacionamento tóxico abusivo. Muitas vezes eu me perguntava se estava sendo ingrata, afinal eu percebia que mês após mês eu ia deixando de amar aquele homem, e isso abria em minha mente de vinte e poucos anos um grande espaço carente-afetivo para fantasiar novas relações.

Cheguei a me apaixonar perdidamente por um vampiro. O personagem Edward Cullen da maravilhosa escritora Stephenie Meyer ficou por meses em minha mente como o modelo de homem perfeito pelo qual eu gostaria de me apaixonar. Um vampiro que tolhia as vontades de sua namorada, a seguia sem ser percebido e quis impedi-la de ter uma amizade sincera com seu melhor amigo lobisomem. Bem parecido com o meu relacionamento, inclusive. Mas Edward também era forte, inteligente, músico, incrivelmente lindo e lia mentes. Um braço protetor para sua namorada, a desajeitada Bella.

Passei anos acreditando que Edward era o cara perfeito. Eu queria terminar o meu relacionamento para ter a chance de me apaixonar e viver um grande amor, de preferência um grande amor com os mesmos ingredientes da saga Crepúsculo. E que eu terminasse provavelmente abrindo mão de minha vida humana para ficar com ele no final. Isso mostra o quanto era distorcida minha ideia de relacionamentos profundos e saudáveis, e mais ainda o quanto eu desconhecia por completo o significado da palavra LIBERDADE.

O que quero dizer é que essa liberdade que vem clamando dentro do coração feminino e que nos manda viver novas experiências e conquistar dinheiro, tempo, possibilidades, um novo amor, uma nova rotina, viagens, experiências, não vai se concretizar se no fundo, essa mulher não souber o significado de liberdade emocional.

E o que isso tem a ver com empreender? Absolutamente tudo.

Percebo o empreendedorismo como um grande caminho para viver essa liberdade. Estou escrevendo este capítulo na varanda de um quarto de hotel. Meus olhos alcançam toda a baía de Paraty, no Rio de Janeiro. A água é incrivelmente verde, esmeralda com nuances prateadas e respingos de sol. Ouço alguns pássaros cantarem motivados lá das árvores da mata virgem ao meu redor e ouço o motor de um barquinho pesqueiro que está passando por aqui. Mas isso significa que vivo em liberdade?

E se mesmo aqui, da minha varanda privilegiada e cheia da liberdade geográfica possibilitada pela internet, eu estivesse preocupada? Alice e Theo, respectivamente com 8 e 2 anos e meio, estão em casa com o pai nesse momento. Será que Theo fez cocô? Será que Alice comeu? Nossa, ela é tão ruim de comer. E se o pai não tiver paciência e ela se alimentar mal todos esses dias? Será que o post que programei saiu na hora certa? Será que engajou? Minha equipe está respondendo minhas mensagens com o carinho que minha comunidade merece? Será que sou boa mãe mesmo? Afinal decidi tirar uma semana só para mim. Isso faz de mim um ser desprezível?

E os boletos? As vendas? Os processos? A nova estratégia de vendas ultrassecreta que fez aquele meu amigo faturar milhões e crescer mais que eu? Será que o algoritmo do Instagram atualizou hoje e teve um novo chilique?

Estar aqui em um quarto de hotel aninhado na natureza, escrevendo este capítulo da minha varanda de madeira, rodeada por luz e calor será a personificação da liberdade se minha mente estiver tentando freneticamente controlar cada variável da vida dos meus filhos, colaboradores e cada microprocesso da minha empresa?

Vejo histórias de mulheres cheias de talento, coragem e esperança dando verdadeiros giros de 360 graus em suas vidas para empreender em busca dessa liberdade. E de repente noto as olheiras profundas e rugas de preocupação no semblante dessas mulheres meses depois, vivendo um eterno looping de culpa e frustração.

Se estão com os filhos, acham que deveriam estar cuidando do negócio, mas se estão trabalhando, parte delas as acusa de serem mães desnaturadas. Descansar? Deus as livre. Afinal, trabalhe enquanto eles dormem, não é?

O dinheiro até vem (quando vem), mas o preço é alto e a sensação genuína de liberdade, aquela com gosto de paz de espírito, ainda não resolveu dar as caras. Muito pelo contrário. Estou no mercado digital, próxima demais às grandes mentes para saber que, na maioria das vezes, quanto mais dinheiro, maior a sensação de estar aprisionado. Ou seja, estou aqui sim, do meu quarto de hotel respirando liberdade nesse momento, mas não foi o empreendedorismo que me deu esse presente, fui eu mesma.

Existe a mulher, mensageira, que está assustada, cansada, desnutrida emocionalmente, cuja carcaça segue de pé tentando erguer o projeto. E existe a mensageira selvagem que fareja suas decisões, que se sente curiosa e impelida a criar novas soluções. Ambas podem fazer dinheiro, porque não é apenas sobre a grana. É sobre felicidade e sustentabilidade. É sobre o modelo de empreendedorismo que decidimos viver.

A mensageira selvagem aprendeu o que é de fato liberdade. E precisou experimentar essa liberdade de forma inédita e sem manual de instruções porque, afinal, que outra mulher antes dela pôde viver isso? Quase nenhuma ainda.

A verdade é que ainda estamos regulando o *dimer* da liberdade feminina em tempo real. Não é um campo que nenhuma de nós domina 100%, e estamos descobrindo, inclusive, que liberdade é o oposto de fazer tudo que queremos. Muitas vezes precisamos buscar enxergá-la em uma planilha contábil chatérrima, afinal de contas, tem coisas que, se não forem olhadas, podem nos tirar completamente do jogo.

PRINCÍPIO SELVAGEM

A mensageira revisa em sua vida o próprio conceito de liberdade. Dessa forma, descobre se, em algum momento, se aprisionou na tentativa de encontrá-la.

Escolho me sentir livre independentemente da circunstância e da tarefa. Intencionalmente me lembro todos os dias de que não controlo 90% das coisas que acontecem. Eu coloco energia em viver a liberdade, uns dias mais e outros menos.

Empreender é apenas um meio de vida. É um meio de vida incrível, próspero, criativo, mas ainda assim um meio de vida. Se a mulher não entender, antes de empreender, o que é viver em *mood* livre, ela cairá na armadilha. Ela construirá um modelo de negócio que colecionará reféns. E ela será a primeira vítima desse algoz.

Ter um negócio pode ser uma escolha tão tóxica, abusadora e colocar uma mulher em cativeiro quanto qualquer outro meio de vida, tanto quanto qualquer carreira ou até um casamento.

Aprendi que não deveria colocar minha esperança de liberdade no meu negócio. A responsabilidade de viver livremente começa em me sentir livre emocionalmente, em paz, abrindo mão do controle, respirando tranquilamente no agora, confiando na espiritualidade, na intuição.

Depois de decidir experienciar a liberdade como estilo de vida, aprendi que o empreender se torna um caminho saudável e criativo. Mas daí a achar que você vai andar com uma máquina de imprimir reais na sua bolsa e que vai trabalhar todos os dias na piscina de borda infinita é como uma embriaguez cognitiva desnecessária. Apesar de que é exatamente essa promessa que se vê nas propagandas da internet, não é verdade?

EMPREENDENDO COMO UMA MULHER

A maioria de nós não estudou empreendedorismo. Quero dizer que se você quer exercer medicina, você presta vestibular, cursa seis anos de graduação, faz residência e se especializa. Depois você se resigna a passar toda a vida se atualizando em congressos e artigos para continuar sendo uma boa médica. O estudo NUNCA termina.

Contudo, ao decidir criar um negócio digital, você não se matricula na graduação em empreendedorismo. Você apenas começa e vai aprendendo na prática, ou na porrada, mesmo. Descobrindo, enquanto trabalha, o que funciona e o que definitivamente representa um tiro no pé.

Na esperança de nos sentirmos mais seguras, nos agarramos às referências, aos gurus, às *lives* ou, no máximo, aos livros famosinhos sobre empreendedorismo vendidos na sessão de negócios das livrarias do aeroporto.

E o que aprendemos com todo esse conteúdo desconectado e pulverizado? O modelo empreendedor masculino.

As máximas da busca desmedida pelo dinheiro, a romantização das noites sem dormir como um mártir burguês em busca do sonho americano. A concorrência e a competição para descobrir quem tem o membro maior, a ostentação de brinquedos supérfluos, como carros caros e viagens de helicóptero e o aumento irresponsável do padrão de vida apenas para expor nos stories todos os dias o "look do dia". Tudo isso recheado com a mais profunda autocobrança de que esse projeto, esse bebezinho que mal nasceu, já tem que dar certo em tempo recorde trazendo placas de faturamento e convites para podcasts.

Se fosse apenas isso, ok. Ainda assim seria tóxico e terrível, mas seria ok. "*Ônus do bônus?!*" Os rapazes vivem esse modelo e parece que estão satisfeitos. A questão é que, quando falamos de empreendedorismo para mulheres que são casadas e mães, devemos colocar outras camadas de autocobrança e uma considerável dose de trabalho e preocupação extra.

Cuidar dos filhos, da casa, do marido, da agenda escolar, do mercado, da administração doméstica, dos pets, do corpo magro, esconder os fios brancos, manter a pele viçosa e hidratada e as unhas que não podem descascar.

A segunda camada desse contexto é lidar com a culpa, vergonha, inadequação, perfeccionismo, síndrome da impostora, medo de não ser boa, talentosa, sexy, bonita, conectada, espiritualizada e positiva o suficiente.

Mulheres que decidem criar projetos de empreendedorismo normalmente não abrem espaço em suas agendas para esses projetos. Elas tentam espremer o projeto no tempo de que não dispõem e terminam mais frustradas do que quando começaram.

Em 2020, bem no auge da pandemia da Covid-19, eu estava fazendo uma *live* no Instagram para 320 mulheres. Ali eu estava entregando o que minha audiência se acostumou a chamar de ouro em pó: uma estratégia completa de vendas do início ao fim, de graça. Quando terminei de explicar todo o passo a passo, estava elétrica. Sempre amei estratégias de marketing e comunicação e sempre amei dar aulas, então me sentia animada por ter ensinado algo tão importante para aquele grupo de mulheres. No meio de comentários de validação e perguntas de dúvidas técnicas sobre o método, uma moça fez uma pergunta nos comentários: *quem lava a sua louça enquanto você faz tudo isso?*

Aquela pergunta me desconcertou e me desconfigurou por alguns segundos. Ao mesmo tempo, ela me tornou uma mentora melhor. O primeiro pensamento que minha mente preconceituosa e julgadora gerou foi: é sério que eu estou te entregando tudo isso e você está me perguntando sobre a louça? *Foda-se a louça.*

Depois entendi tudo. Se eu fosse um homem entregando uma estratégia completa de vendas em uma *live*, os outros homens estariam extasiados fazendo perguntas sobre o funil, as métricas e o que estaria por trás do *framework*. Mas em se tratando de 320 mulheres, parte delas, representada por essa corajosa que decidiu usar toda a sua sinceridade e fazer a pergunta, estava paralisada se perguntando: *como vou conseguir cumprir esse passo a passo, se tenho que lavar a louça?*

Entenda louça como uma metáfora para todo o resto que ocupa a mente de uma mulher do momento em que ela acorda até o momento em que ela vai dormir.

É uma sátira de mau gosto que mulheres se sintam prontas para buscar a liberdade no empreendedorismo quando ainda não conseguem dizer um não momentâneo para uma pia suja. Por causa dessa dualidade, existe a necessidade de ressignificar tanto o empreendedorismo como a liberdade que ele representa.

Hoje lidero um negócio milionário que está em expansão. No momento em que escrevo este livro, somos uma equipe de 24 pessoas com plano de ampliação para 40 nos próximos seis meses. Lidero três CNPJs diferentes em um ecossistema de produtos em educação digital, eventos presenciais, e-commerce e uma aceleradora de negócios femininos.

Eu não lavo a louça. Preciso agora me vulnerabilizar um pouco e dizer que pensei duas vezes antes de escrever essa frase. Passou pela minha cabeça o medo de você me achar inútil ou pedante, afinal, nós mulheres sempre em algum nível queremos nos sentir aceitas.

Mas a verdade é essa: eu não lavo a louça. E isso é uma escolha não só de agora que tenho rede de apoio e funcionários para fazerem diversas coisas para mim, mas de quando eu estava muito pobre, negativada na Serasa e sem rede de apoio.

Na época, foi apenas uma escolha. Optei por não lavar a louça todos os dias e sim apenas duas vezes por semana. Fiz isso com a louça, com o chão e com a roupa suja. Foi uma escolha, que não faz de mim uma pessoa melhor, mais estratégica e nem uma mulher suja que envergonha a classe das donas de casa ultralimpas. Apenas escolhi. Porque entendi que era sobre liberdade. Ser livre é fazer escolhas.

Escuto em minhas aulas e *lives* abertas, mulheres compartilhando o fato de que, se elas não arrumarem a casa, não conseguem concentração para se dedicar ao negócio. Não digo que são todas, mas uma boa parte na verdade não está disposta a abrir mão da identidade da dona de casa perfeita ou a lidar com as cobranças. Algumas dessas mulheres temem ser percebidas como as que deixam a peteca cair ou as que não cuidam bem de sua casa.

Mas de onde vem isso?

Fui uma criança da geração X que cresceu na frente da TV. Corria da escola para a casa para terminar de ver o *Xou da Xuxa*. Assistia *Clube da Criança*, *Balão Mágico*, *Bozo* e desenhos animados. Muitos desenhos animados. No intervalo dos desenhos e programas passavam os comerciais e aqueles filmes publicitários eram repetidos a cada bloco de vinte minutos.

Os comerciais da manhã e da tarde da TV brasileira eram dedicados às crianças e donas de casa. À noite, os intervalos eram acrescidos de peças sobre automóveis e itens considerados de decisão masculina. Eu me lembro muito bem dos comerciais de produtos de limpeza. Mulheres, em suas casas, onde se percebia que havia a presença de um marido, mas que nunca estava no contexto (afinal deveria estar trabalhando), travavam diariamente a briga contra os germes e bactérias em suas pias, fogões e louças sanitárias.

Eu me lembro de algumas propagandas em que a atriz pegava o produto de limpeza como se fosse uma arma química que salvaria a humanidade. De maneira corajosa e épica, ela erguia o pano com uma pequena amostra do líquido poderoso e então vencia aquela guerra cruel contra a sujeira da bancada. Era como Star Wars, só que com desengordurante e pano de cozinha.

Os comerciais encerravam com essa guerreira do lar guardando sua arma secreta no armário e podendo então descansar após mais uma vez vencer a batalha contra seus inimigos. Fomos por anos e anos bombardeadas por comerciais assim. É perfeitamente possível entender a dificuldade que parte de nós tem de se abstrair da guerra contra a poeira para assumir a guerra de empreender.

Obviamente que eu gostaria de ter tido uma casa impecavelmente limpa, cheirosa, decorada em tons pastéis, climatizada e confortável enquanto iniciava meu negócio digital em jornada tripla. Mas percebi que não seria possível, então decidi exercer a liberdade que buscava no negócio simplesmente ignorando que a casa estava suja e abrindo espaço para colocar meu projeto no mundo, sem mais essa cobrança em cima dos meus ombros.

MANDALA DA MENSAGEIRA SELVAGEM

Como precisamos aprender sobre empreendedorismo para exercê-lo e, ao mesmo tempo, estarmos muito atentas a como trazer a liberdade para esse processo, decidi tornar esse fluxo de aprendizado mais didático.

Em janeiro de 2015, quando comecei minha jornada como empresária na empresa Vision Client, prestando serviços de consultoria e treinamento de atendimento para empresas do varejo, ingenuamente acreditei que ser uma excelente consultora bastaria para ter sucesso.

Eu estava errada e isso me custou dinheiro, noites de sono, preocupação, lágrimas e muito medo de fracassar. SÉRIO. Em caixa alta mesmo. Eu senti MUITO MEDO.

Amaria que naquele janeiro eu pudesse receber uma mensagem da minha versão do futuro que antecipasse o que eu precisava aprender urgentemente se quisesses evitar a crise em que eu mergulharia nos dois anos seguintes.

Mas a minha versão do futuro não apareceu. Agora, perceba que sorte. Sou a versão do futuro que vai te dizer agora mesmo tudo o que eu gostaria de ter ouvido para que você não precise passar pelo que passei. Então vamos lá.

Em 2019, depois de ter sofrido os primeiros anos como empresária, li o livro *O Mito do Empreendedor*. Achei fantástico, porque o autor, Michael E. Gerber, fala das três mentalidades que um empreendedor precisa desenvolver se deseja realmente que seu negócio cresça: o administrador, o empreendedor e o técnico.

O autor defende que desenvolver as três mentalidades faz com que o empreendedor não se torne refém do próprio negócio e não passe pela fase de platô de crescimento. Amei esse livro e recomendo muito, mas também entendi que, para mulheres, esse esquema carecia de uma customização.

Então, inspirada pelo Mito do Empreendedor, criei a mandala da mensageira selvagem, onde existem cinco personalidades ou cinco identidades que uma mulher precisa desenvolver para viver a construção de um negócio, trazendo aspectos da liberdade e da leveza desde o primeiro dia.

Essas identidades precisam conviver na mente da mensageira e em alguns momentos é interessante que elas confabulem e conflitem sobre decisões diárias importantes, já que cada uma tem uma prioridade e uma forma de pensar. Nenhuma personalidade é mais importante que a outra e todas têm papel decisivo no projeto.

Todas precisam, mesmo quando discordam, estar alinhadas em uma causa apenas: fazer o projeto crescer e proteger a mulher por trás dele.

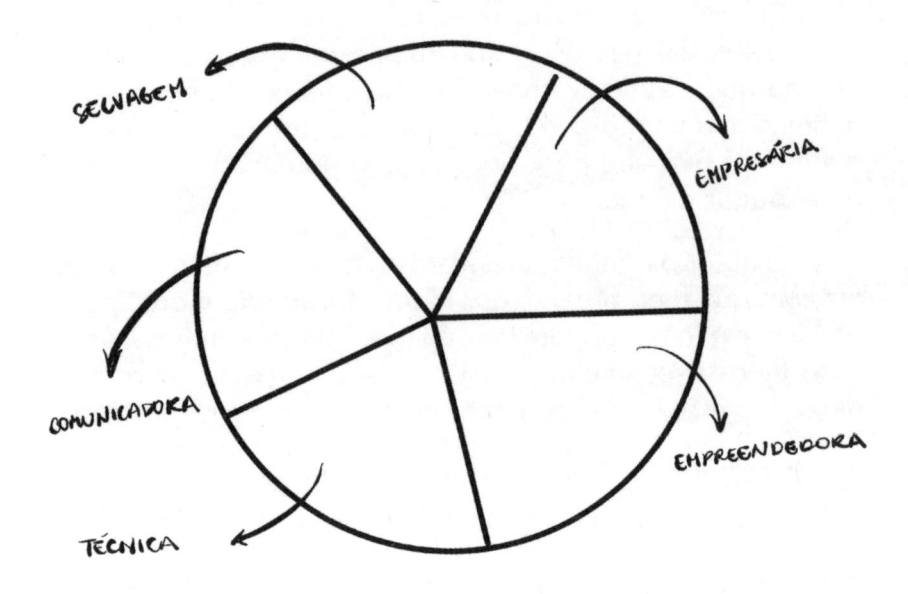

[Diagrama: círculo dividido em partes com os rótulos SELVAGEM, EMPRESÁRIA, EMPREENDEDORA, TÉCNICA, COMUNICADORA]

AS CARACTERÍSTICAS GERAIS DE CADA UMA SÃO:

Empresária — é a identidade que cuida da legalização do negócio, custos e investimentos, processos, contratação e gestão de time (quando for o caso), estratégia tributária, planilha de previsão de vendas e metas de curto, médio e longo prazo. E eu sei que você agora está bocejando de tédio, porque 90% das mulheres acham essa parte racional muito chata. Calma, fica legal com o tempo.

Empreendedora — é a identidade que está antenada com futuro e tendências. É ela quem estuda persona, narrativa e que pensa em produtos novos para atender ao público. Ela brilha na solução de problemas e no aproveitamento de oportunidades. Essa parece ser mais divertida, não é?

Técnica — essa é igualzinha à técnica do livro *O Mito do Empreendedor*. É a identidade que domina a atividade-fim; por exemplo, clinicar é a identidade técnica da psicóloga, emagrecer pessoas é a identidade técnica de uma nutricionista especialista em emagrecimento e por aí vai.

Comunicadora — essa identidade não era tão óbvia para mim em 2019. Mas toda mulher que deseja usar a internet como ferramenta potencializadora de sua voz vai precisar desenvolver a comunicação falada, não verbal e escrita.

Selvagem — essa é a identidade mais profunda de todas e de longe a mais desafiadora. Vou começar falando sobre ela neste capítulo, mas aprofundaremos suas características mais para frente também.

PRINCÍPIO SELVAGEM

O empreendedorismo feminino da liberdade ainda está sendo construído em tempo real. É preciso estudar habilidades e comportamentos. Contudo, no processo, é fundamental acessar a identidade da mulher selvagem.

A seguir, preparei uma tabela com as principais funções de cada personalidade. A ideia é olhar para essa tabela e identificar quais habilidades e atitudes precisamos desenvolver mais urgentemente que outras de acordo com os resultados que desejamos.

Empresária	Legaliza a situação da empresa Define a estratégia tributária junto à contabilidade Organiza a planilha de custos e investimentos Realiza a previsão de metas e faturamento Documenta processos Define Missão, Visão e Valores da empresa Determina forças, fraquezas, ameaças e oportunidades do negócio.
Empreendedora	Visionária que enxerga as oportunidades. Busca as tendências de produtos e serviços. Estuda os desejos e dores da persona. Encontra soluções inovadoras para o seu mercado.
Técnica	Executa a atividade-fim de seu trabalho. Busca melhoria contínua em seus processos de atendimento e entrega. Mapeia os resultados de seus clientes para gerar depoimentos e atualizações de seus produtos e serviços.
Comunicadora	Desenha a narrativa de marca. Se torna influenciadora de sua própria narrativa na internet. Cria conteúdo digital. Faz ofertas tanto em *lives*, *stories* e através de *call* de fechamento de vendas. Comunica posicionamento e produto no mundo.
Selvagem	Ouve a intuição. Abre espaço energético, físico e temporal para o seu projeto. Impõe limites e protege seus sonhos. Nutre sua criatividade. Equilibra as polaridades feminina e masculina. Se abre para a prosperidade. Honra a ancestralidade evoluindo como mulher.

Olhar para essa lista não deve provocar ansiedade ou medo, e sim felicidade. Porque ela não é uma lista de quatrocentos itens que você é obrigada a dominar em sete dias. Ela é um mapa. Uma jornada de longo prazo e de experimentação, na qual, em cada passo, se aprende e vivencia com respeito, curiosidade e amorosidade cada um desses itens.

Ao escolher viver o empreendedorismo feminino sem querer devorá-lo no café da manhã, o processo em si se apresenta de maneira mais sustentável e a liberdade pode ser sentida como um estado emocional, mesmo quando ela AINDA não está vinculada à conta bancária.

Atividades selvagens

1. Descreva o que é a liberdade que você deseja alcançar.

2. Defina duas estratégias de como viver a liberdade ainda hoje, mesmo que seu projeto ainda não esteja na fase que você considera ideal.

3. Escolha dois nãos que você dará para abrir espaço para seu negócio acontecer.

4. Na lista acima, assinale a identidade que você mais precisa desenvolver.

5. Escolha a primeira ação que fará para desenvolver mais essa identidade.

A segunda armadilha:

Uma mensageira domesticada

ISABELE **MOREIRA**

Em algum momento de 1991

Primeiro dia: "Nossa, hoje eu estou exausta."

Segundo dia: "Minhas pernas estão me matando."

Terceiro dia: "Só quero deitar no sofá."

Quarto dia: "Hoje foi muito difícil."

Quinto dia: "Nem deu tempo de comer. Mas estou tão cansada que não sei se prefiro comer ou dormir."

Sexto dia: "Só quero tomar um banho. Estou morta."

Décimo milésimo dia: "Que dia cansativo."

Todos os dias minha mãe saía cedo para o trabalho. Como farmacêutica bioquímica, ela liderava laboratórios de análises clínicas. Tinha dias em que dava plantão em hospitais do município, outros em que trabalhava para o estado e, em outros, em clínicas particulares. Foi o dinheiro desse trabalho que nos sustentou, já que meu pai nunca, jamais, pagou pensão.

Todas as noites mamãe voltava com uma dessas frases. Dia após dia. Durante toda minha infância. Aprendi com ela que se eu quisesse ser alguém na vida, ter uma casa, comida na geladeira e honra, eu precisaria estar sempre EXAUSTA.

Por conta da minha mente caótica, eu amo processos e padrões.

Vou te dar um breve panorama sobre isso. Certa vez, eu estava em uma praia deserta e paradisíaca tirando um dia de folga. Havia uma floresta que margeava a areia e o cenário foi o suficiente para que eu lembrasse da Ilha Sorna, da franquia de filmes Jurassic World. Lembrei então que o personagem principal havia feito outro filme, Guardiões da Galáxia, da Marvel. E não parei por aí. O fato de o personagem desse ator se chamar Owen me lembrou de outro Owen, da série Grey's Anatomy. Para resumir: comecei essa sequência caótica de pensamentos olhando a praia e terminei concordando que a Shonda Rimes, autora de Grey's Anatomy, é uma excelente escritora.

A forma que encontro para lidar com meu caos mental é criando processos de organização, visuais e criativos e, assim, consigo ver padrões e até usufruir desse caos para ter ideias rápidas e lucrativas.

Acho engraçado quando dizem que me percebem como uma pessoa organizada, mas a verdade é que me forço nessa organização, porque, caso contrário, eu seria hoje um total fracasso humano.

Por ser apaixonada por processos, no meio corporativo me dei bem como gestora de qualidade em grandes empresas e implementei metodologias como 5S e 6 Sigma (projetos de qualidade total), além de ter comandado toda uma certificação ISO 9001.

Quando comecei a empreender, busquei outros métodos de gerir projetos e comecei a usar o design thinking e aplicativos de gestão de projetos como o Trello e o Notion. Me tornei, há alguns anos, uma consumidora de post-its e muitos dos meus projetos que se tornaram grandes e relevantes no mercado nasceram de post-its coloridos colados em paredes vazias. Gosto de ver o padrão que as cores vão tomando, gosto de ser desafiada pelas ideias que vão se colando na parede. Mas percebi que ter processos de organização, planejamento e execução apenas para o trabalho me colocaria em uma armadilha. A mesma armadilha que caí aos 20 anos.

Dos 20 aos 34 anos, em nome de construir uma carreira, enchi minha vida de projetos profissionais e me esvaziei de mim mesma.

Na imagem da p.74, que chamo carinhosamente de "a porra da minha vida domesticada", mostro o caos em que minha vida se transformou por levar processos de organização e crescimento apenas para a carreira.

Meu trabalho virou o centro da minha existência, ocupando o lugar de todo o resto. Qualquer outra coisa que não fosse a carreira e a empresa para qual eu trabalhava precisava se encaixar no que sobrava de tempo. O que determinava o que eu podia ou não fazer era o tempo que eu estava na empresa. Passei quase quinze anos envolvida na tríade percurso de ida - trabalho - percurso de volta, que começava todos os dias às 6h30 e terminava às 20h30. Todo o restante precisava se encaixar.

Sem perceber, reproduzi a vida da minha mãe. Minha maior referência fez com que eu associasse sobrevivência, crescimento e vida com exaustão. Dia após dia, sem perceber, criei o checklist da exaustão e passei a dar *check* em todas as suas tarefas.

Minha maternidade era vivida em intervalos. Me tornei o espectro da mãe exausta que chegava em casa por volta das 20h já sem energia para nada e repetia, apática, para o filho: "Estou exausta, pega o dever para a gente fazer rapidinho. Preciso descansar".

Fui mãe aos 20. Não foi uma gravidez planejada. Basicamente me envolvi com um sujeito quatorze anos mais velho que eu, que mais tarde descobri que mentia, tinha um noivado e que se casou no dia do meu aniversário, quando eu estava grávida de dois meses. Ele manteve o noivado e o casamento em segredo.

Quando engravidei, morava sozinha em uma quitinete no centro de Niterói, próximo à faculdade, já que eu cursava Comunicação Social — Jornalismo na Universidade Federal Fluminense. Eu fazia um estágio remunerado em uma rádio no centro do Rio, onde conheci o pai do meu filho.

Eu não esperava aquela gravidez, mas, ao receber o "positivo", passei a desejar muito aquele bebê. Foi ali que percebi que precisava de algo além de um estágio, pois agora eu teria uma criança comigo. Eu não contava com a ajuda financeira do pai, primeiro porque não tive essa referência em casa. Meu pai não sustentava nada. Segundo, porque o pai do meu filho era um homem de mais de 30 anos que morava e era sustentado pela mãe e, mesmo após casar com a noiva, continuou morando lá.

Eu não sabia do casamento na época. Mas alguma coisa me dizia que meu filho e eu precisaríamos do nosso próprio dinheiro, caso contrário estaríamos perdidos. Foi assim que abandonei o estágio e fui buscar um trabalho "sério" e estável no mundo corporativo. A vida adulta chegou aos 19.

Nos anos seguintes após o nascimento do Juninho (que hoje é uma mulher trans, chamada Ale), meu maior objetivo era crescer na carreira para ter um salário melhor, para viver a classe média de Niterói e me enganar dizendo a mim mesma que venci na vida.

Abri mão dos hobbies. Excluí a vida social. Estudava todos os dias e terminava de estudar dormindo em cima dos livros. Pegava demoradas jornadas de trânsito, às vezes em pé no metrô, ou ainda dormindo no ônibus com o corpo mole e exausto da rotina. Mas eu sentia que estava no caminho certo. Tinha orgulho de cada pequena promoção, das horas extras, da carteira assinada, dos elogios que recebia.

Me sentia fazendo a coisa certa e me parabenizava por isso, porque minha mãe, minha maior referência fez exatamente assim, e aquilo nos salvou. Como eu poderia cogitar fazer diferente? Eu me sentia exausta. E quanto mais cansada, mais orgulhosa de mim eu me tornava.

A PORRA DA MINHA VIDA DOMESTICADA

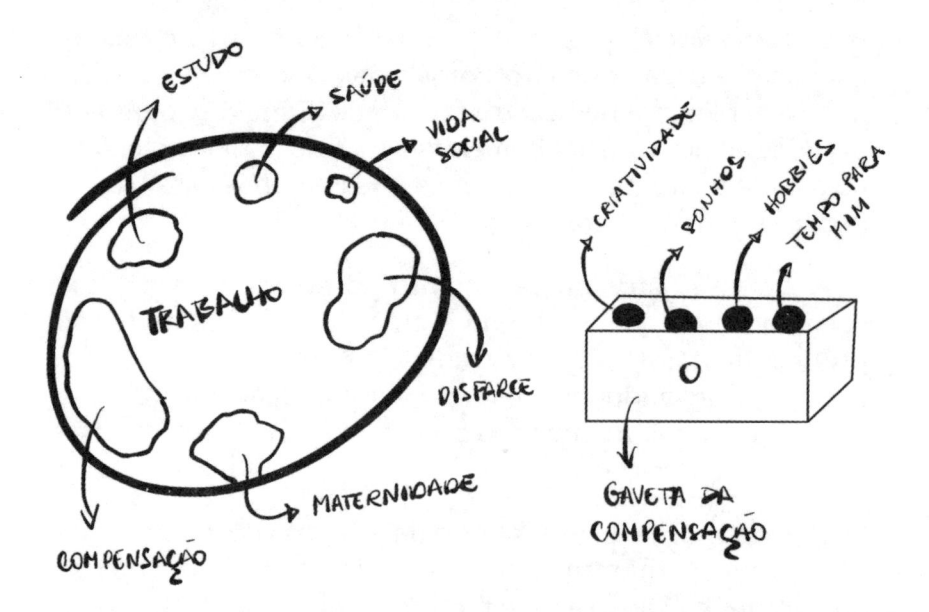

[Diagrama: um círculo grande com "TRABALHO" ao centro, com setas apontando para ESTUDO, SAÚDE, VIDA SOCIAL, DISFARCE, MATERNIDADE e COMPENSAÇÃO. Ao lado, uma gaveta ("GAVETA DA COMPENSAÇÃO") com setas para CRIATIVIDADE, SONHOS, HOBBIES, TEMPO PARA MIM.]

Foram quinze anos no mundo corporativo. Comecei como estagiária e cheguei a gerente geral. Liderei times de qualidade, marketing e pós-vendas. Adquiri empregabilidade, palavra bonita para descrever quando dificilmente você ficará desempregada, porque o mercado de trabalho aprecia pessoas como você. Leia-se pessoas como você: workaholics que viram zumbis do trabalho e deixam em segundo plano qualquer outro prisma da vida.

Olho para a imagem da PORRA DA MINHA VIDA DOMESTICADA e hoje minha mente grita: Armadilha! Armadilha! Perigo!

Mas como foi que eu caí nessa? Aos poucos, o trabalho, fonte de sustento e segurança, foi se tornando a base de toda minha vida. E comecei a fazer concessões. Concedi minha qualidade de vida em troca dos engarrafamentos, porque imaginei que não houvesse outra forma de fazer. Concedi tempo da maternidade, porque acreditei que estar ausente fazendo dinheiro era o melhor que eu podia fazer como mãe.

Eu me obrigava a manter o estudo na minha vida, porque ele me garantia mais e mais oportunidades. Então estudava na hora do almoço e em algumas noites em casa. Cuidava da vida social e da saúde somente quando sobrava tempo. Minha saúde nunca era preventiva. Eu ficava mais de dois anos sem fazer um exame ginecológico, porque acreditava não ter tempo. Vivia doente, com enxaqueca, rinite e garganta inflamada.

Dentro do contexto "trabalho", existia espaço para o disfarce e para a compensação, porque eram essas duas áreas da minha vida que me faziam suportar tudo aquilo.

O disfarce era a parte de mim que aos poucos foi preenchida pelo que o mundo esperava que fosse mais adequado. Os ambientes onde trabalhei esperavam que eu estivesse com meus pés sempre enfiados em um scarpin, então eu os comprei. Eles também sugeriam os terninhos. Tinha o clássico preto, mas também tinha verde, azul, creme e cinza.

Sem me dar conta, mergulhei no *dress code* e também no código de comportamento que era esperado de uma gerente importante do contexto corporativo. Incorporei a maneira de falar, gesticular, andar, sorrir e cumprimentar. O disfarce durou tanto tempo que acredito que em algum nível, ele tenha se confundido com a minha própria pele.

A certa altura, deixei de ter contato com a minha verdadeira identidade. Não estimulei meus gostos, prazeres e, aos poucos, me esqueci de quem eu era. Por isso, nessa mesma época, a compensação foi fundamental. Quando deixamos de lado nossa verdadeira pele, precisamos de algo em que nos agarrar. Precisamos de uma distração que indique que a vida não é aquele vazio sem fim na beira de um desfiladeiro.

Tive dois tipos de compensação: comida e consumo. Para dar conta do buraco de bordas inflamadas que crescia dentro de mim através do disfarce que eu me obrigava a cumprir, a minha busca por alívio acontecia no shopping, comprando eletrodomésticos para a casa onde eu não era feliz, e comendo toneladas de carboidratos para preencher o estômago, já que eu não conseguia preencher a alma.

Como profunda observadora dos movimentos da humanidade, eu me perguntei por algum tempo: como as pessoas não percebem o quanto essa dinâmica da carreira domesticada é tóxica? O que impede que nós, mulheres, consigamos enxergar arranjos mais amorosos e sustentáveis de vida para nós mesmas? Em que momento nos convencemos de que esse era o único modelo? O modelo do sacrifício desmedido?

> **PRINCÍPIO SELVAGEM**
>
> O primeiro passo concreto é admitir que existem modelos de vida diferentes dos que nos foram ensinados. E, a partir daí, decidir construir um modelo único e customizado de acordo com o que fala o coração.

A EXPLICAÇÃO ESTÁ NAS GERAÇÕES

Quando viemos ao mundo, ele já estava rodando sem a gente, funcionando com suas dinâmicas e com as próprias regras. Viemos e fomos obrigadas a entrar no ritmo do mundo, aprendemos com nossos pais a viver e sobreviver com base nos ensinamentos que eles tinham a nos passar.

O livro *Millenials Rising*, de 2000, traz a teoria das gerações, que para mim faz muito sentido. Minha mãe nasceu em 1955 e por isso está classificada como *baby boommer*, ou seja, uma pessoa que nasceu após a Segunda Guerra Mundial.

O mundo em que minha mãe cresceu era completamente diferente do meu. Ela aprendeu com seus pais que o trabalho existe para garantir sustento e segurança. Minha mãe foi criada com profunda rigidez por uma mãe cansada, já que ela era a quarta filha e veio de uma gravidez não programada.

Mamãe, como mulher, se viu rodeada de crenças machistas que reforçaram a mulher como submissa ao homem e por isso resolveu fazer diferente: estudou, fez faculdade federal e criou uma carreira. Uma carreira na área da saúde, diferente de todas as demais mulheres da família que se tornaram professoras, seguindo o exemplo da minha avó.

No entanto, crenças patriarcais estão mesmo enraizadas em nosso âmago, como se fossem pântanos inteiros de lodo escorregadio do qual temos que sair nos equilibrando.

Apesar de sua mente visionária, mamãe se apaixonou e casou com um homem abusador, meu pai. Nos primeiros anos de casamento, minha mãe cuidava de mim e da casa. Mas logo ela percebeu que ansiava por liberdade, não só por uma questão de ideal, mas de sobrevivência.

Meu pai era instável, tinha rompantes violentos, não tinha responsabilidade financeira, e por isso mamãe sentia sua vida em uma corda bamba. Ela teve a coragem de retomar sua vida profissional como farmacêutica bioquímica. Começou trabalhando em laboratórios particulares e logo estava concursada em várias matrículas do estado e de municípios da região.

Mas a relação de minha mãe com o trabalho ainda era muito enraizada no que aprendeu em sua geração. Trabalho como meio de vida. Um meio de vida árduo, sofrido, com grandes jornadas de cansaço. Ela fez (e faz) o melhor que pôde. Mas o que aprendi foi: trabalhe até a exaustão se você quer chegar a algum lugar.

Apesar de ser da geração X ou Y, como alguns autores defendem, já que nasci em 1979, cresci em um mundo diferente. Não tive internet na infância, mas comecei a acessar as redes com 17 anos e um mundo muito mais veloz se configurou para mim.

Foi então que vivi um grande conflito.

Minha crença nuclear e materna dizia que eu tinha que ter uma carreira sólida, estável e sofrida. Batalhar duro até a aposentadoria e então, já mais madura, ganhar o direito e o tempo de curtir a vida. E foi assim que me enfiei no diagrama "a porra da minha vida domesticada". Tentando replicar os passos que minha mãe ensinou.

A vida e morte de meu pai reforçaram a crença de que esse era o único caminho seguro se eu não quisesse terminar como meu pai.

Meu pai veio do Nordeste tentar a sorte no Rio de Janeiro. Filho de uma família pobre de muitos irmãos, logo imaginou que sua sobrevivência estaria em uma cidade grande. Ele não fez faculdade. Era um ótimo vendedor e muito inteligente. Mas não era um homem com caráter reto nem tinha organização financeira e responsabilidade.

Meu pai foi frio e ausente durante toda a minha vida. Não consigo me lembrar de quase nenhum episódio em que eu estivesse abraçada a ele. Sempre houve um *grand canyon* afetivo entre nós.

Depois que meus pais se separaram, quando minha mãe conseguiu finalmente se libertar daquele relacionamento perigoso e abusivo, passei a ver cada vez menos meu pai. Ele nunca me deu um número de telefone em que pudesse procurá-lo. Criou outra família, mas nunca me levou em sua casa. Tenho dois irmãos com os quais nunca convivi e nem consigo reconhecer se encontrá-los na rua.

Conto tudo isso com a tranquilidade de uma filha que, como adulta, já compreendeu que esse era o melhor que ele conseguia me entregar, e grata por ele ter me dado a vida e graças a isso eu poder estar escrevendo este livro.

Meu pai morreu no ano de 2007. Sozinho, cego, com complicações de uma diabetes não tratada. A vida que meu pai levou reforçava a crença de que meu único caminho seguro seria trabalhando duro como minha mãe fez. Afinal eu não queria ter o mesmo fim que meu pai. E eu levei essa vida enquanto pude, Deus sabe bem.

Eu me esforcei para ser sempre a melhor nas empresas onde trabalhava. Fiz tanta hora extra que nem sou capaz de contabilizar. Criei muitos processos e projetos e os implementava com afinco e rigidez. Fui competitiva e conquistei salários mais altos. Só não tão altos quanto o salário de outros homens que também ocupavam cargos de liderança nas mesmas empresas.

Mas se eu estava seguindo a cartilha, por que cada vez mais meu coração parecia gritar por salvação?

Eu implantava projetos, criava processos complexos, treinava times inteiros, desenvolvia relatórios e controles, auditava, melhorava os fluxos e analisava dados. Fazia tudo isso, apesar da minha mente caótica. E o que minha mente caótica e meu coração pediam era: EI, QUE HORAS AFINAL SEREMOS FELIZES?

Minha resposta: *Calma, assim que a gente conseguir a promoção, vamos desacelerar. Só um pouquinho mais de paciência* — mas esse dia nunca chegava.

Eu estava vivendo há tempo demais no diagrama. E quando você vive uma vida esvaziada de você mesma, sua casa emocional fica exposta para todo tipo de parasita, predador ou moléstia chegar e fazer ninho. E foi exatamente isso que aconteceu.

Um belo dia comecei a pifar. Começou comigo não querendo mais ir para o trabalho, mas não queria pedir demissão. Eu queria o salário e a sensação de estabilidade, só não queria estar lá.

Lembro-me de uma semana em que eu precisava, na verdade necessitava muito mesmo, de uns dias de pausa. Eu não via jeito de ser sincera e dizer isso aos meus empregadores. Eu não tinha férias para tirar, mas a cada dia era mais impossível estar lá. Então, na quarta-feira, sem aguentar mais, enquanto me arrumava para sair, avistei o tubo da pasta de dente pousado na pia do banheiro. Coloquei-o na bolsa e desci o elevador.

    Naquela quarta, eu não dirigi para a empresa. Fui até o estacionamento de uma clínica oftálmica e, um minuto antes de entrar, abri o tubo e espremi pasta de dente dentro dos meus dois olhos. A ardência foi imediata. Meus olhos começaram a lacrimejar raivosamente expulsando a substância intrusa e, ao olhar pelo espelho, vi que a aparência era muito ruim.

    Limpei a pasta e entrei na clínica dizendo que amanheci desse jeito. Quinze minutos após passar por um médico, sai com um atestado médico de conjuntivite que dizia que eu deveria ficar em casa por sete dias.

    Me enganei acreditando que eu só precisava de uns dias. Eu colocaria a cabeça no lugar, descansaria e, quando voltasse, eu estaria novamente motivada a continuar rendendo como uma máquina para a empresa. Mas não foi o que aconteceu.

    Meu rendimento caiu muito.

    E num dia não muito distante desse, já não precisei mais simular nenhuma doença, porque o diagnóstico verdadeiro veio: *burnout* e depressão. E, de brinde, uma linda receita azul com vários remédios controlados.

    A minha farsa de tentar ser uma *baby boommer* chegava ao fim. Eu não era boa como minha mãe em viver essa vida. Como mulher da geração X, eu sentia que, agora por questão de sobrevivência, eu precisava recomeçar.

    E não pense que isso foi romanticamente corajoso. Não foi, não. Porque a única coisa que latejava em minha cabeça era: recomeçar o quê? Como recomeçar se eu acabei de descobrir que nem sei exatamente quem eu sou?

A sensação de não saber é uma das mais fortes experiências de desamparo e solidão que já senti. Não ter recursos para resolver isso, então, tornou essa fase da minha vida uma das mais desafiadoras.

Eu só sabia de uma coisa. Qualquer coisa que eu fosse criar a partir de então, qualquer que fosse o projeto, eu seria o centro. Sim, exatamente, eu mesma. Eu como personagem principal da minha própria vida, já aos 30 e poucos anos. Eu não seria mais a atriz coadjuvante.

Minha vida seria algo como a imagem abaixo.

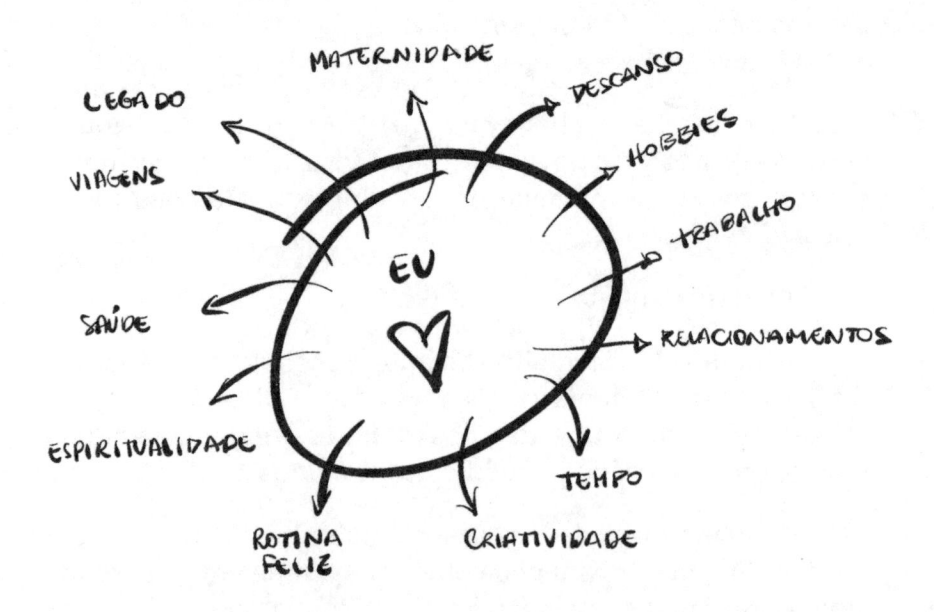

Mesmo que eu precisasse investigar quem era essa Isa que agora emergia no centro da sua própria existência, saber que aquele era o ponto de partida já era alguma coisa.

A domesticação chegava ao fim. Eu mesma abri minha jaula. Tudo bem que fiquei na porta olhando assustada para fora antes de sair. Tudo bem que não foi a imagem épica de uma mulher selvagem correndo com os lobos e fugindo de seus captores.

Saí da minha jaula trêmula de medo, insegura e em passos vagarosos. Mas meus pés estavam pela primeira vez fincados no chão. Eu não tinha garantias e nem um plano, mas estava farejando o caminho pela primeira vez.

PRINCÍPIO SELVAGEM

A vida da mensageira é movida por paixão e coragem, porque, ao decidir fazer diferente, ela abre mão de quase todas as garantias que tinha.

Atividades selvagens

1. Compre um caderno e o chame de caderno da investigação do eu.

2. Durante uma semana, carregue esse caderno para onde for.

3. Anote nele absolutamente todos os gostos, hobbies, sonhos, aspirações que um dia você teve, mas que esqueceu ou deixou de lado.

4. Escreva nesse caderno uma lista de tudo que você quer eliminar da sua vida hoje.

5. Rascunhe sem compromisso o esboço do que seria uma rotina ideal sem se preocupar com o COMO consegui-la.

6. Anote seus gostos por roupas, calçados, referências para casa, comidas, filmes, coisas que necessariamente você não consome ou vive hoje.

7. Ao final de uma semana releia esses apontamentos e conheça mais sobre você.

A terceira armadilha:
O espelho invertido da autoimagem

Quando eu tinha 6 anos, minha mãe decidiu alisar meu cabelo pela primeira vez. Tanto mamãe como vovó fizeram disso um grande evento. Para elas, ficou a logística de me levar ao salão da Maruca, uma cabeleireira de voz aguda e infantil que ficava em Mesquita, uma cidade vizinha à Nova Iguaçu. Para mim, sobrou a promessa de balançar lindos cabelos lisos como o das moças da TV.

Foram algumas idas à Maruca. Muitas lágrimas rolaram enquanto a guanidina do alisante queimava meu couro cabeludo. Muitas feridas pequenas e aparentemente inofensivas em nome dos cabelos esticados. Não estou aqui contabilizando as feridas na minha autoestima.

Nessas constantes idas ao salão da Maruca, aprendi que mulher precisa sofrer para se sentir bonita.

Abrir uma marca pessoal na internet é senha para uma densa curva de aprendizagem: escolher o produto, desenhar o método, definir e mapear a persona, aprender algumas ferramentas, iniciar a produção de conteúdo, aprender uma estratégia de vendas e levá-la até a oferta e repetir esse processo quantas vezes forem necessárias. Isso já é algo digno de mulheres que realmente sabem o que querem, porque as que ainda não descobriram, de vez em quando se assustam com a quantidade de detalhes que esse negócio envolve.

Para além da parte prática no estilo "aprende e aplica", temos as camadas internas que essa aventura envolve: síndrome da impostora, perfeccionismo, medo de dar certo, medo de dar errado, medo de críticas e julgamentos, falta de organização, procrastinação e eu poderia continuar recheando esse parágrafo.

É uma oportunidade muito próspera. Eu saí de Nova Iguaçu, cresci em um lar sem pai, morando em uma casinha torta cujo portão dava para uma vala de esgoto. Hoje sou a empresária à frente de um negócio gigantesco em termos de cifras e impacto. Mas se fosse fácil, todo mundo estaria rico, não é mesmo? Não é fácil.

Somente o processo de estudar, criar um negócio, empreender e escalar já é muito complexo. Mas estamos falando de mulheres empreendendo. Então a camada extra de desafios vem de brinde.

Quando uma mulher vai empreender no mundo digital e aprende que sua marca pessoal irá se conectar com seu público muito mais do que apenas uma marca corporativa, significa que ela irá aparecer. Aparecer nos *stories*, em *lives* e no *feed*. Ela vai sorrir, falar, gesticular. Suas ideias serão colocadas para fora, assim como seu dedinho torto ou o melasma da sua bochecha esquerda.

Ao decidir se lançar no mundo digital, onde o acerto e crescimento são públicos, mas os erros também o são, essa mulher precisa cuidar da imagem. Não estou falando da roupa, cabelos e da maquiagem. Estou falando da autoimagem. Algo muito mais profundo do que apenas signos e códigos de moda.

Essa mulher, para dar conta de sustentar a segurança de falar o que pensa e defender seu ponto de vista, precisa estar muito bem resolvida em relação à sua autoimagem. Ou seja, ela precisa ter uma percepção positiva sobre si mesma, que inclui sua percepção sobre sua competência, inteligência, talento e padrão estético.

> **PRINCÍPIO SELVAGEM**
>
> Investir apenas em consultoria de imagem e look do dia não vai trazer a credibilidade e a aceitação que uma mulher busca. A chave está na autoconfiança de quem essa mulher é sem os seus adereços.

Lembro-me de, certa vez, ver minha mãe falando durante o jantar na casa da minha avó: *vestir menina é muito melhor. Meninos usam só camiseta e bermuda. As meninas possuem mais variedade.*

Entenda variedade como infinitos vestidinhos, babados, meias calças, bolsas, casaquinhos, saias e a mais variada sorte de lacinhos e arcos para os cabelos. É lindo mesmo, diga-se de passagem.

Minha filha Alice tem um ritual que ela cumpre com prazer todos os dias antes das sete horas da manhã. Ela acorda, toma seu banho e lava (ou apenas molha) os volumosos cachos que se embolam até o meio das costas, como algas marinhas rebeldes. Depois ela precisa usar uma quantidade significativa de creme para pentear, dar forma ao cabelo, se vestir, passar um gloss e uma sombra rosa bebê cintilante. Isso porque proibi a sombra preta e o rímel que ela acreditava serem superalinhados com o evento: aula na escola de manhã. Eu mesma tenho meus rituais. Tenho minhas marcas preferidas de maquiagem. Não sou, há muito tempo, a pessoa que se maquia todos os dias, mas nos dias que o faço, prefiro os olhos mais marcados e na boca apenas um batom nude, sempre cremoso, já que não curto os batons de textura mate. Enquanto isso, Gustavo toma seu banho, dá um jeitinho nos cabelos curtos e borrifa seu perfume do dia a dia. E ele está pronto. Não apenas pronto para ele, mas pronto também do ponto de vista da sociedade.

A questão que quero trazer aqui é que a imagem física é realmente uma questão muito mais feminina do que masculina. E concordo com o fato de que a energia feminina promove essa conexão com o belo e o ornar.

Também acredito que essa prática de se enfeitar é uma prática da energia feminina. E penso que ela seria perfeita e genuína se fosse assim: acordei e quero me enfeitar, o mundo funciona bem. Acordei e apenas vesti uma blusa e uma calça e apareci na internet, o mundo funciona bem igual.

Só que não é o que acontece. Como apareço 90% do tempo nas redes com blusas de malha e sem maquiagem, leio comentários como: você tem cara de pobre, não parece empresária. Sua imagem não condiz com a de uma mentora. Você é mentirosa, porque seus pés estão sujos no vídeo (li esse comentário em um vídeo gravado na praia).

São muitas, muitas mensagens. E você pode perguntar: mas Isa, porque então você apenas não desiste e aparece arrumada 100% das vezes?

ISABELE **MOREIRA**

Não sou idiota. Como empresária, sei que se eu fizesse uma consultoria de imagem, aparecesse sempre muito bem maquiada, com os cabelos perfeitamente arrumados e brilhantes, e mostrasse o "look do dia" nos stories, eu venderia mais. Existe uma construção social no inconsciente coletivo que liga esses códigos da beleza à confiança e poder. Existe a semiótica que faz com que julguemos tudo pela aparência em milésimos de segundos.

Minha vida seria muito mais fácil se eu apenas me rendesse aos códigos, se usasse parte da verba de branding da empresa e comprasse bolsas e sapatos de grife para fazer *stories* de *unboxing* abrindo as caixas coloridas com papel seda. Eu usaria uma música francesa de fundo e isso traria conforto, sofisticação e admiração. No entanto, isso traria mais mulheres endividadas também. Traria mais mulheres reféns dos mesmos códigos. Traria mais consumo desmedido. Mais poluição planetária. Mais feminino ferido na sombra do consumo e da validação.

Quando falo desse assunto, todas as células do meu corpo vibram juntas na certeza de que estamos começando um pequeno movimento de desconstrução na direção da liberdade. Acredito em um mundo em que o conteúdo será mais importante que a forma. Mas não adianta eu acreditar se não fizer nada a respeito.

Virou meta e causa por aqui trabalhar para construir uma internet em que não teremos nem mais um post de uma mulher cujos comentários sejam depreciativos em relação à sua imagem. Acredito em uma internet pacífica e compassiva na qual as pessoas apenas debaterão ideias e aceitarão educadamente os que pensam, agem e aparentam ser diferentes.

Por isso, escolho o caminho mais difícil.

Para além da causa de libertar mulheres das prisões estéticas, tenho também um motivo totalmente pessoal. Mas para isso preciso contar algo que aconteceu no ensino médio.

A adolescência é um saco. Para mim toda ela foi sofrida, particularmente durante o primeiro ano. Eu estava em uma escola conservadora, cheia de códigos de conduta e falso moralismo. Minha natureza selvagem e criativa era aniquilada naquele ambiente todos os dias. Além do mais, eu era um ano mais nova que as meninas da turma, o quesignifica que elas tinham peitos, bundas, cinturas finas e cabelos brilhantes e volumosos. Eu tinha espinhas e um cabelo alisado e não cuidado. Para completar, minha calça do uniforme estava ficando pequena e ficava muito esquisita no meu corpo.

Isso era o suficiente para que eu não conseguisse estar por inteiro em nenhum grupinho. As mais inteligentes não me davam muita ideia, porque eu não era uma das mais inteligentes. E as gostosas achavam que eu era uma espécie de brinquedo para que elas pudessem humilhar e se divertir enquanto passavam o tempo pós-recreio.

Certa vez, entrei na sala e todos me olharam. Alguns dos meninos com cara de pena, outros rindo, e as meninas, cochichando e soltando risadinhas. Sentei e olhei para o quadro. Nele estava escrito: *Isabele, você não é feia. Você é só esquisita.*

Consigo lembrar exatamente o que senti: raiva, vergonha e solidão. Por algum motivo, não chorei. Por algum motivo, não chamei a coordenação e não contei para a minha mãe. O que fiz foi me levantar em silêncio, pegar o apagador e apagar a mensagem. Voltei para o meu lugar e me mantive sentada esperando a aula começar.

O que descobri é que aquilo não me matou. No dia seguinte, a escola era a mesma, eu era a mesma, o mundo permanecia igual. Não saiu no Jornal Nacional minha vergonha.

A bolsa não fechou em queda naquele dia. Meu cachorro não morreu. Tudo permaneceu igual. Eu passei para o segundo ano, depois mudei de escola no último ano. Estudei para o vestibular, passei. Cresci e a vida seguiu.

Acredito que descobrir que a crítica do outro em relação à minha aparência não tem o poder de afetar nada me tornou mais forte. Não foi a última vez que passei por algo assim, mas se aquela adolescente de 14 anos se saiu bem, decidi que a adulta se sairia também.

> **PRINCÍPIO SELVAGEM**
>
> Nenhuma crítica ou julgamento em relação à imagem ou escolhas de uma mulher tem o poder de fato de prejudicar sua vida. Uma mensageira selvagem não dá a ninguém o poder de feri-la.

SE ENFEITAR É DIFERENTE DE SE CUIDAR

A trilionária indústria da beleza durante décadas plantou na mente feminina que se enfeitar é se cuidar. Confundiram autocuidado com *skincare*. Disseminaram a ideia de que a mulher precisa travar uma batalha (sempre perdida) em busca da juventude eterna.

Procedimentos estéticos dolorosos, invasivos e caros. Uma tonelada de produtos de maquiagem. Roupas, sapatos, bolsas, joias, texturas e cheiros, tudo parcelado em até dez vezes sem juros. Essa é a indústria que faz com que a mulher acredite que ela pode ser tudo, que a convence de que se sentir empoderada tem a ver com vestir um terno rosa pink e passar um batom vermelho.

Tenho meu próprio conceito de empoderamento feminino. Aquela mulher, mãe solo, que empreende, não porque quer uma transição de carreira, mas porque precisa fazer um bico para pagar a comida do filho. Essa mulher vira a noite fazendo bolo de pote, suando nos 45 graus de sua cozinha sem ventilação. No dia seguinte, ela bate na porta das freguesas vendendo cada um dos potinhos de bolo e às vezes vendendo fiado. Ela não fica reclamando. Sorri, leva a vida com bom humor e se permite sentir raiva sempre que precisa. Olho para essa mulher e penso: empoderada.

Existem tantas mulheres empoderadas que merecem reconhecimento. Aquela que tira forças da alma para ir à delegacia e denunciar seu agressor, normalmente o amor de sua vida. Aquela que abandona a faculdade contra a vontade dos pais para viver de arte. A outra que tem coragem de processar a empresa por assédio moral. A que decide recomeçar, quantas vezes forem necessárias. A que admite que não sabe a resposta e vai buscá-la com coragem e humildade. A grávida que impõe limite nos pitacos da família. A que decide aprender um novo ofício depois dos 40, 50 ou 60 anos. E nenhuma delas precisa de uma roupa para se sentir empoderada. Nenhuma delas precisa de um salto para se sentir mais confiante. Nenhuma delas precisa de fato de um batom vermelho para passar liderança.

A questão é que se enfeitar é divertido, feminino e pode ser um resgate. Mas a maquiagem também pode ser uma máscara que esconde um problema, uma tristeza, uma infelicidade. Skincare e produtos de beleza não são necessariamente sobre autocuidado. Autocuidado é estar com a mamografia e com os exames preventivos em dia. É ir ao dentista uma vez ao ano. Verificar as taxas do sangue. Comer saudável. Se exercitar. Descansar sem culpa. Impor limites e dizer não.

O mundo digital é um oceano de possibilidades reais, mas a mulher cuja autoimagem está abalada pode se afogar em suas próprias inseguranças e na crítica cruel e implacável das pessoas covardes que se escondem através de seus perfis.

> **PRINCÍPIO SELVAGEM**
>
> Para que a mensageira consiga vencer a curva de aprendizagem de todo conhecimento novo que vem com o empreendedorismo, ela vai precisar de espaço mental, segurança emocional e muito autoamor. O que ela mais precisa defender é sua autoconfiança.

AUTOIMAGEM PARA ALÉM DA APARÊNCIA

Como o buraco é muito mais embaixo e como somos influenciadas pela indústria da moda, que inclusive é a segunda mais poluidora do planeta, meu trabalho durante os anos como empresária foi fortalecer minha autoimagem.

- Acreditar que posso

- Comprovar e validar meus avanços

- Reconhecer e perdoar meus erros

- Ganhar segurança no papel diário de empresária, empreendedora, técnica e comunicadora.

- Fortalecer meu feminino

- Me afastar de pessoas tóxicas

- Abastecer minha mente com conteúdos profundos e transformadores

- Evitar comerciais e programas de TV

- Estudar todos os dias e aplicar o que estudo

- Mensurar meus resultados

Quanto mais trabalho os itens acima, mais segura me sinto no meu papel. Mais confortável me sinto em avaliar se quero ou não me arrumar para aparecer. Quanto mais fortaleço a certeza de que sou uma mulher capaz, menos me sinto refém da validação externa. E isso tem me ajudado por aqui.

Sempre teremos questões em relação à nossa aparência. Sempre olharemos para partes nossas com crítica. Cairemos nessas armadilhas vez ou outra. Afinal, a cura do nosso feminino é um processo para as próximas gerações.

Ainda assim, posso me lembrar da Isabele de 14 anos. Posso apagar o quadro sempre que me sentir triste e seguir em frente.

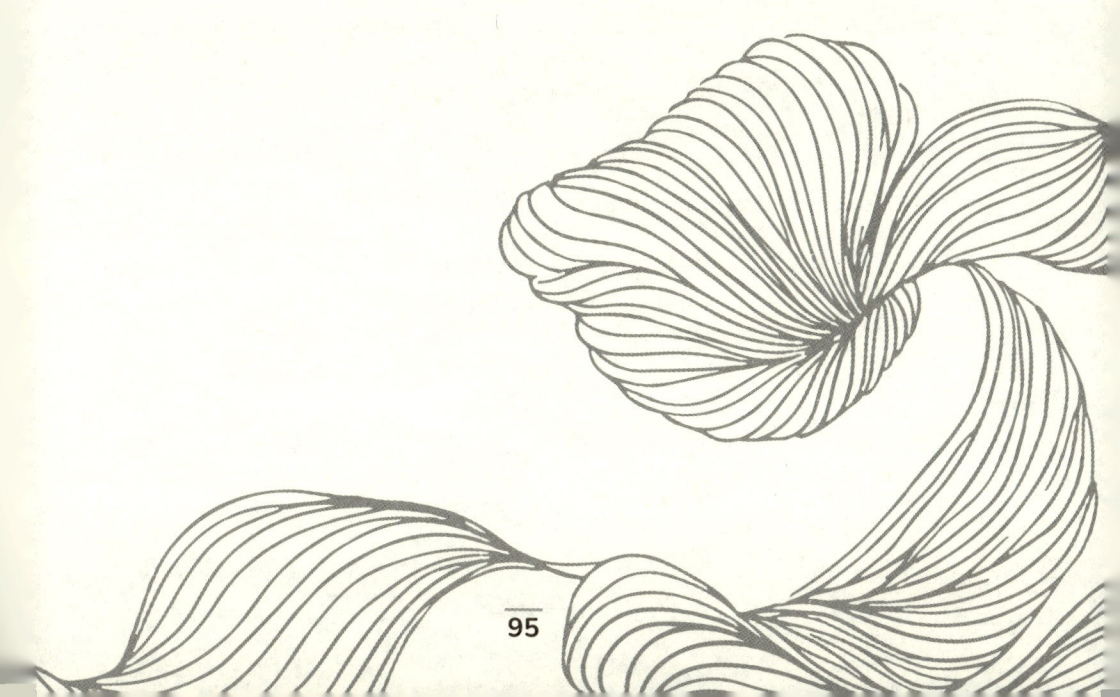

Atividades selvagens

1. Seus exames de sangue, hormônios, vitaminas, fezes e urina estão em dia?

2. Já marcou o checkup desse último ano?

3. Como está sua qualidade de sono? É possível melhorar? Como?

4. Você tira um tempo só para você toda semana?

5. Que tal doar algumas peças do guarda-roupa que não a representam mais?

6. Tem feito atividade física? Precisa melhorar?

7. Você tem ingerido água na quantidade certa todos os dias?

8. Sua alimentação precisa de um "*up*"? Qual?

Círculo da vida criativa

ISABELE MOREIRA

Abril de 2016.

Abro meu roupeiro e constato estarrecida o óbvio: esse armário parece ser de outra pessoa. Vejo sapatos scarpin, sandálias desconfortáveis que criam bolhas nos meus dedinhos e joanetes nos dedões. Umas roupas formais e sisudas como ternos masculinos e calças de tergal. Bolsas de várias cores e tamanhos com espaço e divisões para colocar coisas que eu nem acho que tenho. Quem é a mulher que se veste assim? Não importa mais.

A pergunta mais importante ocupa toda minha mente com pressa e curiosidade: se eu entregar todas essas roupas e sapatos para a doação, o que eu gostaria de colocar no lugar? Como a nova Isa se veste? Eu não faço a menor ideia. Mas me sinto alegre e imensamente grata para descobrir.

Como contei, sou apaixonada por esquemas e métodos. Eu tinha dominado os processos de organização e projetos nas empresas onde trabalhei. Mas, aos 35, comecei a desconfiar que eu entendia pouco ou quase nada sobre esquemas e processos que fossem capazes de me entregar respostas sobre minha própria vida.

A prova disso é que, apesar de empreender desde janeiro de 2015, minha vida não melhorou. Ao contrário, ela havia piorado muito. Nitidamente eu estava aplicando as ferramentas erradas ou simplesmente algum funcionário do Universo não ia muito com a minha cara.

Depois do diagnóstico de *burnout* e da depressão, em 2012, iniciei um lento processo de transição de carreira. Eu sabia que precisava deixar o mundo corporativo, mas não queria fazer isso em um rompante. Eu acreditava que precisava de planejamento, tempo, juntar dinheiro, essas coisas.

Nessa época, estava com a data do casamento marcada com Gustavo e irresponsavelmente apaixonada por ele. Tinha meu filho mais velho, Juninho, que hoje é Ale, uma moça trans. E estava desejando muito ser mãe de novo, como se uma nova criança tivesse a responsabilidade de curar as feridas emocionais que ardiam e latejavam no meu coração.

Como eu tinha um custo de vida de classe média em Niterói, no Rio de Janeiro, pagava aluguel e todas as contas da casa sozinha, para prover a mim e ao meu filho, eu não podia mandar meu chefe para aquele lugar e sair com uma mochila nas costas brincando de empresária. Aliás, podia, mas não é do meu perfil fazer uma coisa dessas. Eu sou (na maioria das vezes) uma mulher responsável e ponderada.

Sendo assim, entendi que precisava de um projeto de transição.

ISABELE MOREIRA

Eu tinha aprendido em todos os projetos que liderei nas empresas por onde passei que o ponto central para que ele seja realmente um projeto é colocar datas e prazos. Então eu coloquei a data: 15 de dezembro de 2014.

Essa data foi decidida em 2012 e acredito que tenha sido a única durante toda minha vida que cumpri rigorosamente, nem um dia a mais e nem um dia a menos. O que não me poupou de todo sofrimento e erros do processo.

Em 2012, já com meu diagnóstico em mãos, acreditei que precisava sair da empresa onde estava. Eu liderava um grupo grande do mercado automotivo. Apesar de meu trabalho ficar no Rio de Janeiro, eu precisava diariamente percorrer, em média, 50 quilômetros de engarrafamento todos os dias. Além disso, o ambiente começou a se mostrar infinitamente tóxico, ou é possível que ele sempre tenha sido, mas eu não percebia.

Nesse trabalho, eu era gerente geral de qualidade e cuidava de todo processo de experiência do cliente, índices de satisfação e melhoria de processos das oficinas do grupo. Um dos departamentos liderados por mim era o SAC da empresa onde na época trabalhavam oito moças realizando atendimento receptivo e pesquisa de satisfação.

Eu não conduzia o departamento sozinha fazia tempo, já que eu tinha uma supervisora liderando a equipe diretamente. Meu trabalho era estratégico em relação aos relatórios gerados pelo trabalho daquele time. Mas um dia eu estava na unidade onde ficava fisicamente o SAC e haveria um processo seletivo para substituição de uma das vagas. Minha supervisora perguntou se eu não gostaria de conduzir a entrevista e a dinâmica de grupo para selecionar a candidata.

Fazia tempo que eu não aplicava a dinâmica de contratação e isso me deixou animada. Ao encerrar o processo seletivo, não tive dúvidas. Tínhamos uma candidata que havia se destacado muito das outras com comportamentos e habilidades em sinergia com a vaga. Preenchi a solicitação de contratação e enviei ao Departamento Pessoal.

Foi rápido o que veio depois. No mesmo dia, quase no final do expediente, fui chamada na sala da diretoria. Subi as escadas apressada para que pudesse conseguir sair no horário e, ao entrar na sala, recebi uma notícia nojenta em muitos níveis, mas hoje sei que foi um grande presente pessoal.

A diretora da empresa estava com a ficha da moça do SAC. No papel havia minha assinatura autorizando a contratação, mas o campo onde o RH deveria ter assinado estava em branco. A diretora então me perguntou sobre a candidata.

Achei aquilo muito estranho. Por que a dona da empresa que tem coisas tão importantes e decisivas para cuidar estava gastando seu tempo com a ficha de contratação de uma funcionária do SAC? Mas respondi sobre as competências e habilidades que a candidata havia apresentado. Falei sobre o quanto ela havia se destacado e dei todas as informações técnicas e pertinentes sobre o porquê eu havia escolhido essa pessoa naquele grupo.

Senti que a diretora estava um pouco constrangida, mas ainda assim ela seguiu com a conversa.

— A Edleia comentou comigo que essa moça é lésbica.

Fiquei uns segundos tentando juntar os fatos, sem conseguir. Era inesperado que ela trouxesse a orientação sexual da candidata ali naquela conversa. Me pareceu uma afirmação tão absurda quanto: Edleia comentou que orquídeas precisam de adubo.

Como a moça havia mencionado na entrevista que tinha uma namorada e como ela mantinha uma aparência despojada com seus cabelos curtinhos, calça masculina e blusa larga, acenei com a cabeça que sim.

A diretora me encarou por alguns segundos esperando que eu assimilasse o que estava acontecendo ali, sem que ela precisasse falar as palavras. Eu não facilitei para ela.

— Isa, eu acredito que essa candidata não tenha o perfil da empresa...

Eu a interrompi.

— Por que ela é lésbica?

E, a partir daí, vieram argumentos vazios e constrangidos e assim devem ser os argumentos de uma pessoa que sabe que está sendo preconceituosa e pequena. E se quiséssemos colocá-la na recepção um dia? Ela não tinha a aparência de uma recepcionista da nossa marca. Precisávamos pensar melhor sobre contratar pessoas que realmente pudessem crescer e assumir outras funções na empresa...

Eu ia rebatendo todos os argumentos absurdos que estava ouvindo, porque, àquela altura, eu já sabia que a candidata não seria aprovada, já que a empresa era preconceituosa (e criminosa) a esse ponto, mas eu mantinha meus argumentos de quebra de objeção, porque a raiva fez com que eu enxergasse algum divertimento no fato de aquela conversa ser constrangedora para ela também.

Até que veio a pá de cal.

— E se ela der em cima de você?

Ali eu dei uma gargalhada afetada. A diretora arregalou brevemente os olhos assustada com minha reação e, na sequência, respondi:

— A senhora quer que eu acredite que sua preocupação é com a mínima possibilidade de uma moça dar em cima de mim e não com o fato de manter a postura conservadora e preconceituosa da empresa? Trabalhamos em um grupo onde 90% dos funcionários são homens. A quantidade de assédio moral, gracinhas, olhares com que já lidei nos últimos anos deixaria a senhora assustada, mas a questão aqui não é essa.

A questão aqui é o preconceito e o juízo de imagem. Ok, continuarei com o processo seletivo. Naquele momento, achei que seria demitida e torci por isso. Mas não aconteceu. Quando desci as escadas, tomei a decisão de que ficaria nessa empresa apenas o tempo mínimo suficiente para encontrar outro emprego.

Então acessei minha empregabilidade e fiz algumas ligações. Quinze dias após essa conversa vergonhosa, eu estava trabalhando em um grupo menor, mais próximo da minha casa, implantando a central de vendas e relacionamento da empresa.

Eu não sabia, mas ali eu era uma mensageira. Não tão selvagem ainda. Mas já havia dado um passo importante no sentido de não me calar ou acovardar e principalmente não me acomodar onde não caibo.

PRINCÍPIO SELVAGEM

Quanto mais uma mulher se reconhece como mensageira e decide expor sua mensagem, mais ela precisa investigar quem ela é para além do comum, do aceitável e do imposto. Mais ela precisará lapidar sua própria forma de existir, sua autenticidade.

ISABELE **MOREIRA**

MUDAR DE EMPREGO NÃO RESOLVE O PROBLEMA QUANDO O CHAMADO ESTÁ BATENDO NA PORTA

Comecei a trabalhar na empresa seguinte e lá fiquei menos de um ano. No início tive aquelas duas semanas de lua de mel em que tudo era novidade. Os diretores estavam felizes com a minha chegada, a equipe era receptiva e o lugar ficava a vinte minutos da minha casa e, por isso, recebi uma dose extra de qualidade de vida. Mas rapidamente a sensação de tédio, desinteresse e irritação voltaram. Eu também estava às voltas com a preparação da minha minifesta de casamento com o Gustavo, cuidando do buffet, vestido, lua de mel, DJ, votos etc.

Além disso, ainda estava me medicando. E recebia diariamente do meu corpo e da minha inteligência instintiva e selvagem a mensagem de que aquele casamento me magoaria mais do que eu poderia conceber. Mas eu fingia não sentir esses alertas com que a intuição me bombardeava todos os dias e, antes de me casar com Gustavo, me casei com a ideia de ser casada com ele. Era somente isso que eu via na frente.

O trabalho não me motivava em nada. A empresa, apesar de grande, era familiar e os processos decisórios eram lentos e manipulados pelo melhor amigo do filho, que também tinha um cargo de gerente. Eu não me sentia pertencendo, mas me mantive ali sem pensar momentaneamente em minha carreira, porque minha prioridade era a festa de casamento.

No dia 4 de agosto de 2012, em um pôr do sol que parecia a tela de um quadro pintado por um artista caiçara, eu disse sim ao Gustavo. E automaticamente eu dizia um sonoro sim a todo sofrimento que viria depois.

MUDAR DE EMPREGO
NÃO RESOLVE O
PROBLEMA QUANDO
O CHAMADO ESTÁ
BATENDO NA PORTA

◉ euisabelemoreira

USANDO A EMPREGABILIDADE PELA ÚLTIMA VEZ

Dez meses depois, ao dar telefonemas para diretorias que me conheciam, meu motivo não era a empresa onde eu estava, apesar de também não gostar de trabalhar lá. O motivo era que eu precisava fugir. Havia apenas seis meses que eu estava casada e mandei Gustavo embora por causa de uma traição.

Quando você deposita todas as suas apostas em uma pessoa e ela falha com você, seu mundo inteiro entra em colapso. Não sobra nada. Apenas escombros.

Eu estava soterrada na dor e precisava fugir, mudar de cidade, recomeçar. Por isso aceitei um convite para liderar um grupo empresarial em Piracicaba, no interior de São Paulo, onde o custo de vida era bem mais baixo do que no Rio de Janeiro e onde eu não conhecia ninguém. O custo inferior de vida me ajudaria a juntar o dinheiro necessário para realizar minha transição em pouco menos de dois anos. Lembro de criar uma planilha para organizar essa verba.

Obriguei meu filho mais velho a ir comigo, o que hoje sei que foi uma grande violência. Ofereci um emprego à Gi, minha melhor amiga, para que ela fosse comigo e para que eu pudesse tê-la em minha vida naquele período em que só respirar já exigia de mim um esforço olímpico.

Pedi demissão da empresa onde estava e comecei o processo de mudança interestadual. Quando Gustavo soube, me procurou. Arrependido e dizendo que as coisas seriam finalmente diferentes, disse que iria comigo para onde eu fosse. Ele pediu demissão de seu trabalho e seguiu comigo para refazer nossa família. Acreditei que seria diferente.

Ficamos em Piracicaba por um ano e meio, lá engravidei e pari a Alice. Lá juntei uma quantia de dinheiro, sofri os últimos episódios de assédio moral a que eu me permitia e então aconteceu. Após a licença maternidade de Alice, eu voltei à empresa, organizei alguns projetos e, no dia 15 de dezembro de 2014, exatamente como havia planejado há mais de dois anos, assinei minha rescisão.

Considerei um bom presságio. Acreditei fervorosamente que era um sinal do Universo de que eu estava no caminho certo. Voltamos de Piracicaba para o Rio de Janeiro, com filho adolescente, bebê e três cachorros.

Em janeiro de 2015, dei início à minha vida de empresária.

Mas fiz tudo errado. Por total falta de autoconhecimento e por não me colocar no centro da minha vida, por não parar para entender por um tempinho o que eu queria daquele negócio além de pagar as contas, criei uma empresa que me faria tão ou mais infeliz do que minha vida como funcionária de carteira assinada.

Hoje é ridiculamente lógico o que vou escrever, mas na época eu nem desconfiava de nada disso.

Tive a brilhante ideia de abrir uma empresa de treinamentos corporativos. Eu era uma excelente *trainer* comportamental. Meus treinamentos de atendimento, liderança e vendas eram ótimos e faziam as empresas terem resultados imediatos em ganho de performance. Por isso achei que seria incrível se eu continuasse fazendo esse trabalho, só que não mais como funcionária e sim como prestadora de serviço.

Nessa época eu não tinha lastro emocional suficiente para perceber que foi justamente essa rotina, esse trabalho que me adoeceu. Dar treinamentos em empresas e conviver com realidades em que, como *trainer*, eu precisava motivar uma equipe que muitas vezes estava adoecida por causa do próprio sistema cruel da empresa foi a grande dualidade dos meus últimos anos na CLT.

Vestir-me de maneira formal, sendo que dentro de mim existia uma psique selvagem que clamava por encontrar outras formas de se expressar através da roupa e da imagem era perpetuar uma realidade que não me cabia mais.

Nessa época, contudo, eu era uma mulher domesticada, sem nenhum autoconhecimento, vestindo o disfarce de empresária livre e empoderada. Nesse contexto, dei o melhor passo que consegui, abri a Vision Client, e comecei a prospectar empresas que quisessem treinar suas equipes.

A Vision durou de 2015 a 2018. Foram três anos tão difíceis que, hoje, nem imagino como consegui suportar tudo aquilo.

A situação era difícil em vários níveis. O processo de prospecção e venda para empresas é demorado, a negociação passa por mais de três departamentos. As empresas choram descontos ou simplesmente eu não sabia mostrar minha autoridade. As decisões corporativas são lentas. E filosoficamente as empresas, em sua maioria, querem treinamentos para suas equipes performarem bem, mas não olham para cultura, processos, liderança e comunicação, que são justamente os fatores que fizeram a equipe ter resultados ruins.

Além disso, a rotina me cansava. Quando o treinamento finalmente era agendado, eu começava a correria de montar os materiais, colocar tudo na mala do carro, ficava por horas no trânsito parado no Rio de Janeiro para ir e voltar.

Meus pés gritavam dentro daqueles sapatos que anatomicamente foram criados para torturar mulheres. Eu treinava as equipes e via nelas mães atormentadas por estarem longe de seus filhos, homens endurecidos pela cobrança raivosa de seus chefes, pessoas adoecidas e frágeis. Me sentia uma fraude treinando essas equipes, porque o que eu queria falar para elas era: saia daqui! Você merece ser feliz!

Mas eu era a maior de todas as fraudes, porque eu mesma queria sair daquelas salas de treinamento e me mantinha ali representando meu papel por causa do dinheiro. Muitas pessoas que participavam de minhas turmas me mandavam mensagens agradecidas sobre o quanto meus treinamentos mudavam e melhoravam suas vidas, e essa era a única parte boa de tudo isso.

No entanto, aquilo ainda não era o que eu queria. Novamente eu estava com aquele gosto amargo de que tinha me esforçado para criar uma realidade que não me fazia nada feliz. O dinheiro era curto. Não tínhamos fluxo de caixa. E, então, meu casamento que também respirava por ajuda de aparelhos desde o dia em que disse sim na igreja, teve falência múltipla dos órgãos. Tudo junto, isso mesmo.

O cenário era: eu trabalhava 3 vezes mais por metade do dinheiro de antes. Eu não tinha benefícios que a estabilidade me dava, como afastamento remunerado, décimo terceiro salário, FGTS, férias etc. Meu casamento acabou e eu era completamente apaixonada pelo Gustavo, até depois que ele juntou todas as suas coisas e foi embora deixando meu sonho de família feliz espatifado no chão da sala.

Me tornei mãe solo de um adolescente e de uma menininha de 2 anos que lidou muito mal com tudo isso. Nada, absolutamente nada, estava no lugar. Eu me sentia a pessoa mais sem sorte, mais sozinha, mais perdida do planeta. Eu queria ter uma história linda para contar, de como tive um grande insight que mudou completamente a minha vida. Mas não foi isso que aconteceu.

Anjos não fizeram um concerto no céu. Não ouvi harpas e nem um vento soprar diferente. Apesar de achar que, se estou aqui agora, viva, escrevendo isso, é porque houve, sim, um intenso trabalho da espiritualidade para me ajudar. Mas eles foram discretos.

Em janeiro de 2015, eu iniciava minha vida como empreendedora, cheia de motivação e energia. Em setembro de 2016 eu estava na cama ensopando meu travesseiro com lágrimas pelo Gustavo, pelo meu casamento falido, pela minha conta bancária vazia e pelo meu nome sendo negativado no Serasa.

O que aconteceu foi que passei uma semana de cama maratonando *Grey's Anatomy*, comendo brigadeiro, chorando e dormindo. Juninho ia para escola e seguia a vida dele. Eu deixava Alice na creche e então voltava para casa e me deitava. Depois de sete dias cumprindo essa agenda, uma constatação caiu em minha cabeça como uma bigorna de desenho animado:

"Melhor você se levantar, porque esse aluguel vence daqui a 20 dias e, que eu saiba, você não tem uma gorda poupança para emergências".

Em outras palavras, a bigorna me mandava tomar um banho e voltar à vida adulta, porque duas crianças precisavam de mim. E aqui tem um ponto importante de toda essa história. Hoje centenas de mulheres me perguntam: o que me fez não desistir.

A resposta é: o boleto do aluguel. Simples assim.

Quando me levantei da cama, mesmo sem ter ideia do que fazer de fato, eu sabia pelo menos os erros anteriores que eu não poderia mais repetir:

— Acreditar que um homem me daria o amor que eu deveria ter dado a mim mesma.

— Trabalhar exclusivamente por dinheiro.

— Colocar o trabalho como centro da minha existência.

— Não parar por um único instante para descobrir o que meu coração queria de verdade.

— Criar um trabalho em que a exaustão fosse a moeda de troca pelo pouco de conforto que eu conseguia proporcionar aos meus filhos e a mim mesma.

Eu me levantei daquela cama decidida a fazer diferente. E por onde eu começaria? Por mim.

O DRAGON DREAMING E A ESPERANÇA DE UM NOVO COMEÇO

Pesquisando na internet sobre como melhorar minha vida falida, encontrei o *Dragon Dreaming* (figura abaixo), uma metodologia ágil de construção de projetos que é baseada na ecologia e em povos indígenas. Eu já amei aquilo no primeiro instante.

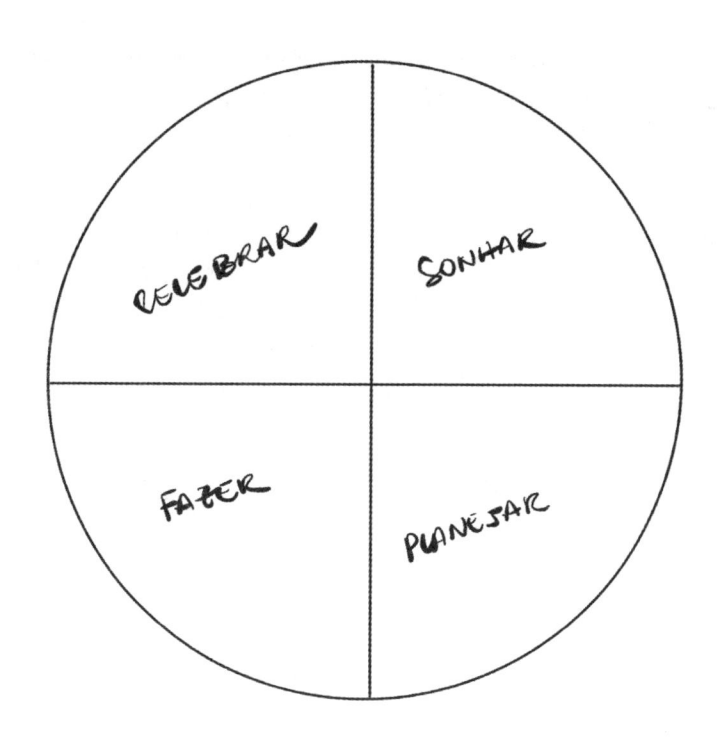

O simples fato de uma metodologia começar com a etapa sonhar era tipo uma ilha de trufas e algodão doce colorido no meio da destruição. Sonhar era algo que eu fazia, mas de uma forma tão míope e rasa, sonhos tão impregnados do sistema patriarcal e capitalista que achei que eu precisava aprender a sonhar primeiro.

Eu sabia que eu mesma tinha me colocado naquela situação. Coração partido, trabalho sem propósito, perdida profissionalmente, sem dinheiro e me sentindo desamparada. O pior é que eu sabia que não foram pequenas decisões que trouxeram esse resultado.

Foram necessários anos de apagão emocional, decisões ruins e vida no piloto automático para que eu me percebesse sem rumo como estava.

Isso me assustava, mas ao mesmo tempo eu sabia que, assim como o apagão de uma vida de barganhas e decisões ruins, havia me trazido para esse lugar, eu também poderia a partir daquela data mudar tudo, tomar decisões diferentes e então construir uma vida diferente.

Reuni toda esperança que pude, olhei bem dentro do *Dragon Dreaming* e, como alguém que se aquece para uma maratona, coloquei as mãos na cintura, virei para um lado e para o outro, estiquei os braços no ar, disse: ok! Primeira etapa — sonhar —, então qual o meu sonho?

Silêncio!

A única coisa que minha mente elaborava era: eu quero não viver mais isso aqui, quero não me sentir mais assim, quero que a gente nunca mais se enfie nesse buraco.

Mas isso nem de longe desvendava o que eu queria, porque, para além daquela realidade que eu estava vivendo, havia apenas infinitas outras.

Entendi então que o *Dragon Dreaming* era uma metodologia linda, colaborativa, orgânica e criativa, desde que a pessoa ou o grupo soubesse o que queria.

Eu não sabia.

Na realidade nunca soube, só achei que sabia com base no que acreditei sobre o que era certo ou o que era a vida de uma mulher adulta e responsável.

Deveria existir uma etapa antes de sonhar. Uma etapa em que eu pudesse reunir os meus pedaços, cacos e fragmentos que perdi pelo caminho, colar com fita dupla face, e aí sim perguntar para essa mulher remendada: ei, qual o seu sonho?

Antes de sonhar seria necessário resgatar.

PRINCÍPIO SELVAGEM

A mensageira passa a reconhecer seus verdadeiros sonhos quando começa a resgatar quem realmente é.

Então, agora o *dragon dreaming by me* seria algo assim:

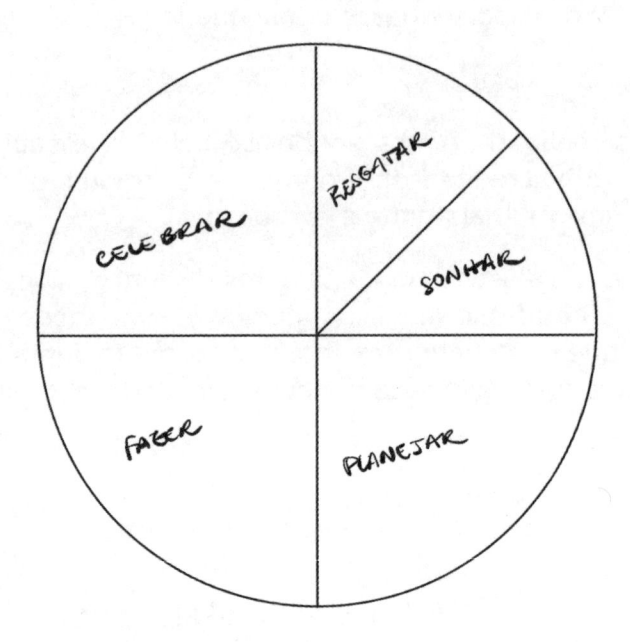

(Círculo dividido em: CELEBRAR, RESGATAR, SONHAR, PLANEJAR, FAZER)

Já que, após resgatar, eu seria capaz de sonhar de maneira coerente (pela primeira vez na vida), meu olho passou rápido para a próxima etapa, que é o planejar.

Meu coração deu duas batidas de alegria e disse: tá dominado, você é boa nisso! Realmente sou!

Mas também lembrei que nos meus projetos sempre houve um gap entre o planejamento e a execução. Eu não estou falando das intercorrências normais, não. Estou me referindo a problemas que poderiam ser evitados e previstos se houvesse organização.

Quando falo de organização, quero trazer para a questão temporal e ambiental de se reconstruir a vida.

Porque, veja, você pode planejar um negócio e pensar nas etapas-base:

— Identificar o problema que seu negócio resolve.

— Pesquisar sobre a persona, o cliente ideal, que sua marca pretende servir.

— Desenhar seu *brand voice*, a forma como você pretende se comunicar com essa comunidade.

— Desenhar o produto.

— Começar a comunicação.

— Fazer a primeira oferta.

— Vender.

— Entregar.

— Melhorar o processo e fazer tudo novamente.

Você coloca datas e planeja as etapas. Quebra as etapas em tarefas e executa. Lida com os imprevistos no caminho. É isso. No entanto, ficam algumas coisas de fora, principalmente se você é mulher, mãe, se tem uma mente caótica e se está lidando com seus próprios fantasmas, resistências e medos.

Então uma boa maneira de resolver isso é organizando depois de planejar. Foi a primeira vez que pensei profundamente sobre isso. Possivelmente porque, como mãe solo, sem nenhuma rede de apoio, a necessidade de me organizar era questão de vida ou morte.

Comecei a rascunhar em um Flip Chart aberto na minha sala o que seriam as etapas dessa organização:

- onde vai trabalhar

- qual o seu horário diário de trabalho

- como tornar esse ambiente um lugar criativo, alegre e feliz

- como funciona a rotina da casa para que esse projeto coexista.

- o que muda na alimentação e na rotina dos filhos

- quais arranjos domésticos precisam ser acordados

- a que horas essa mulher vai cuidar de si mesma

- como ela organiza as pastas de trabalho, as informações

- como organiza os estudos para implementar tudo que está aprendendo.

A organização me salvou de mim mesma.

Então dei mais uma contribuição ao *Dragon Dreaming*, que, a essa altura, não era mais a metodologia original, e o novo esquema ficou como na imagem abaixo.

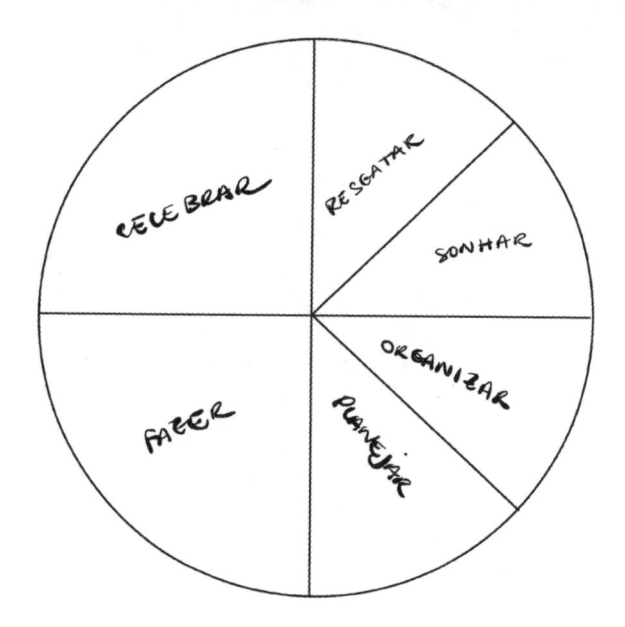

[Diagrama circular dividido em seis partes com os dizeres: CELEBRAR, RESGATAR, SONHAR, ORGANIZAR, PLANEJAR, FAZER]

Depois de rascunhar a nova mandala, vi que a próxima fase é o fazer, a execução. Nunca tive problemas com ela, sempre fui um trator executor (sou geminiana com lua em áries, o que me dá a habilidade de executar até na força do ódio). A questão é que nessa energia desmedida masculina e ferida de executar, invariavelmente me perdi de mim mesma virando esse trator.

Não aconteceria de novo. Eu não permitiria que se passassem anos de uma execução desmedida até que novamente eu pensasse: *hummmm, não tô feliz. Tô doente.*

Então eu incluiria mais uma etapa na metodologia que estava adaptando, a revisão.

Revisar de tempos em tempos se minhas decisões estão sendo construtivas ou destrutivas. Se elas são embaladas pela coragem ou pelo medo. Se estou honrando minhas partes ou se estou novamente perdendo-as pelo caminho.

E o *Dragon Dreaming* readaptado ficou assim:

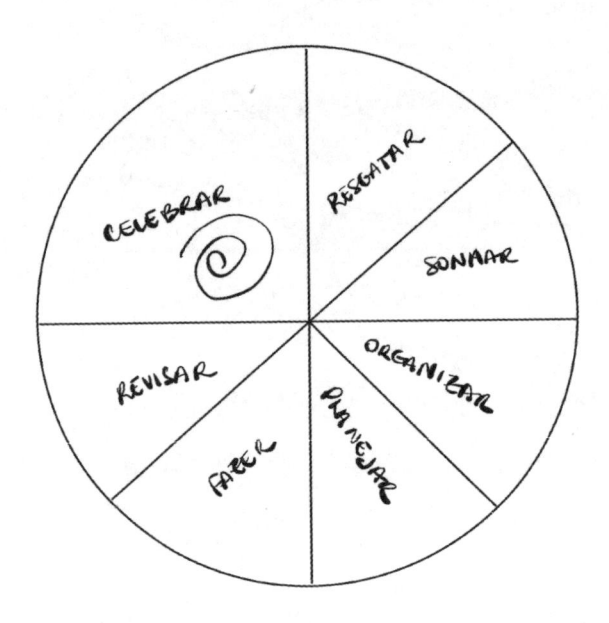

[Diagrama circular dividido em 8 partes, com as palavras: CELEBRAR, RESGATAR, SONHAR, ORGANIZAR, PLANEJAR, FAZER, REVISAR, e uma espiral no centro superior esquerdo]

> **PRINCÍPIO SELVAGEM**
>
> Mensageiras se distraem e se perdem no caminho. Assim como acontece na natureza, é preciso honrar os ciclos. Revisar a rota faz parte do ciclo de crescimento de uma mensageira selvagem.

Por fim, havia uma última etapa — celebrar.

Para quem estava vivendo os últimos anos de depressão, *burnout*, tristeza, separação e privações, celebrar era uma boa palavra que chegava como um frescor.

Mas eu não queria celebrar apenas quando e se alcançasse meu objetivo. Não queria novamente viver com a cenoura na frente do nariz, condicionando uma vida de alegrias genuínas ao batimento de metas. Comemorando o que dá certo e me culpando sempre que dá errado.

Não queria novamente cair no padrão de, a cada conquista, celebrar o feito e no minuto seguinte já estar pensando na próxima.

Dessa forma, mantive o celebrar, mas como parte de todo processo. Eu celebraria cada dia de paz, cada xícara de chá, cada pôr do sol. Celebraria cada post que colocasse no ar, independentemente das curtidas e comentários. Celebraria estar respirando. Esse era um compromisso.

E assim o *Dragon Dreaming* foi a inspiração para o que hoje é o Ciclo da Vida Criativa em sete etapas: resgatar, sonhar, planejar, organizar, fazer, revisar e celebrar.

Hoje esse método ajuda milhares de mulheres, mas ali, quando foi rascunhado em uma folha de desenho, era apenas a tentativa de me salvar de mim mesma. Era uma redenção depois de tanto sofrimento. Eu ainda não tinha nenhuma resposta, mas, depois de muito tempo, meu coração dormiu tranquilo naquela noite.

Atividades selvagens

1. Desenhe em seu caderno o ciclo da vida criativa.

2. Rascunhe os resgates que você acredita que precisa fazer.

3. Escreva de maneira despretensiosa dez sonhos que você gostaria de realizar.

4. Escolha apenas um.

5. Comece o processo de planejar (coloque uma data).

6. Organize seu ambiente e tempo para abrir espaço para esse projeto.

O RESGATE DO FEMININO SELVAGEM

ISABELE MOREIRA

Abril de 2017.

É terça-feira e eu estou dirigindo para me encontrar com uma desconhecida. Ela tem uma ninhada de três cachorrinhos golden retriever. Eu havia pesquisado tudo sobre os goldens. Carinhosos, brincalhões, amam crianças. No meu processo de resgatar quem eu era, me vi em uma imagem. Enxerguei uma mulher de ritmo cadenciado e cíclico, feliz e com a expressão da paz de espírito. Essa moça tinha uma ecobag no ombro com dois livros dentro. Ela caminhava sem pressa, de chinelos, e na mão direita ela impunha uma guia. Na ponta da guia trotava um grande golden retriever sorrindo com sua língua para fora. Decidi que só me tornaria essa mulher se eu tivesse esse cachorro.

Enquanto dirijo, penso no nome que darei ao filhote. Mas, ao chegar no local, um banco de concreto em uma praça, eu a vi em uma sacola de lona espremida entre seus dois irmãos, igualmente lindos. Então eu soube — seu nome seria Alegria.

Resgatei a Alegria naquele dia e a Alegria também me resgatou.

Janeiro de 2019.

Muitos livros já me emocionaram. Incontáveis, na verdade. Mas não consigo me lembrar de nenhum que tenha me feito chorar copiosamente na introdução, como acontece agora. O livro tem mais de 400 páginas, e antes de chegar na décima, já mudou toda minha vida. O livro é *Mulheres que correm com os lobos* e a autora é a psicanalista, dra. Clarissa Pinkolas Estés, a quem nem tenho palavras para agradecer o que seus estudos causaram de epifania e libertação em minha vida.

Na introdução de MQCCL aprendo a semelhança arquetípica entre os lobos e as mulheres.

Percebo enquanto choro que se trata de uma leitura de reconhecimento, para relembrar com assombro a última parte que me faltava. É janeiro de 2019. A vida vai bem. A crise existencial e financeira finalmente passou. O ano promete ser meu maior faturamento no ramo digital. Mas até agora eu ainda não havia resgatado a maior parte da minha existência: minha alma selvagem.

Acontecem três coisas a partir dessa leitura: jogo as pílulas contraceptivas no lixo no meio da cartela, tatuo uma loba no braço direito na mesma tarde e um mês depois engravido do Theo, uma gravidez não planejada que virou tudo de cabeça para baixo.

Rascunhar o ciclo da vida criativa me fez perceber que eu havia aberto a empresa errada. Eu queria sair do mundo corporativo de vez. E, para isso, precisaria transicionar de carreira mais uma vez. Pesquisando na internet, ainda em 2015, percebi que estava nascendo no Brasil um mercado que tinha um potencial gigante. Educação on-line.

Eu poderia usar meu conhecimento de décadas e criar soluções e cursos para outras pessoas vendendo esse conhecimento de forma on-line, trabalhando de casa, vestindo qualquer coisa, me livrando dos engarrafamentos. Parecia perfeito para mim.

Comecei a transição em maio de 2016 quando mergulhei profundamente nos estudos sobre esse mercado, suas ferramentas e possibilidades. A construção do meu negócio digital teve quatro fases.

FASE 1

Iniciei no meio de um turbilhão emocional e sem a menor noção do que estava fazendo. Passei meses procrastinando, mas me ocupando para achar que eu estava fazendo alguma coisa.

Por exemplo, decidi que teria um negócio na internet em maio de 2016, mas de maio até setembro não fiz uma única oferta de nada. Apenas me ocupei.

Me ocupei criando e-books que jamais seriam lidos, estudando cursos sem jamais aplicá-los. Ficava estudando tutoriais de ferramentas que eu não colocava em prática. Mas oferta mesmo, não fiz. Parecia que eu estava trabalhando, mas estava me enganando enquanto me mantinha ocupada e vivendo meus dramas pessoais de fim de casamento.

Quando finalmente ofertei, cometi todos os erros que uma pessoa que vai empreender sozinha na internet comete. Tive problemas para colocar minha aula no ar, a internet não deu conta, eu não sabia o que fazer depois.

Para tornar tudo ainda mais desafiador, na tarde em que eu estava criando o link de venda do meu primeiro produto "A Bíblia do Treinamento Eficaz", a escola me liga dizendo que Alice, na época com 2 anos, estava tendo uma reação alérgica.

Precisei, às pressas, levá-la a uma emergência para constatar que ela teve uma reação na pele ao corante vermelho da gelatina que comeu de sobremesa. Como ela nunca havia tido alergia a corante vermelho, e depois disso nunca mais voltou a ter até a presente data, só posso constatar que Alice absorveu do campo toda minha insegurança e medo e manifestou isso através de placas vermelhas no seu corpinho frágil.

Ainda assim, coloquei o produto no mundo. Ninguém comprou. O produto era incrível, mas uma coisa que aprendi empreendendo é que, para vender algo, não basta o produto ter qualidade, mas principalmente você precisa saber comunicar. Eu não sabia.

Aquela oferta não me trouxe um real sequer, mas ela foi a coisa mais importante que me aconteceu. Um rito de passagem da aprendedora para a empreendedora digital de fato. Porque dali para frente eu não parei mais de ofertar.

FASE 2

A fase 2 foi a de franco-atiradora. Aconteceu do início de 2017 até meados de 2018. Comecei a fazer ofertas de produtos variados, testando de tudo. Não sabia bem o que queria, queria tudo ao mesmo tempo na verdade. Me agradava falar de vendas, de marketing, de autoconhecimento, de gamificação, andragogia, desenvolvimento pessoal. Mas eu não amarrava tudo isso em uma proposta direcionada para uma única persona.

E testei inúmeros produtos digitais diferentes. Fazia algum dinheiro, mas longe daquilo poder me sustentar. Eu continuava, porque sabia que uma hora eu acertaria a mão.

Nessa época, eu estava mergulhada no meu próprio processo de autoconhecimento, mas ainda olhando de forma superficial para minhas crenças, hábitos e padrões. Eu consumia conteúdos sobre produtividade e alta performance criados por gurus homens que repetem sobre trabalhar enquanto eles (sei lá quem são eles) dormem e ser imparável etc... Me deixava bastante ansiosa, mas eu seguia em frente.

Eu me sentia agente dupla, porque numa parte da semana eu conduzia o projeto da empresa de treinamentos corporativos que eu não suportava mais, e em outros momentos eu criava sem método nenhum essa salada sem sentido que era meu negócio digital.

Às margens desse fuzuê estava minha vida pessoal destruída. Separada, com o coração partido, infeliz, sozinha, insegura, exausta.

FASE 3

A fase 3 aconteceu do meio de 2018 até o início de 2019. Comecei a ter certa previsibilidade nas vendas do digital. As pessoas passaram a me conhecer e a confiar em mim. Meus grupos de atendimento começaram a dar resultado. Eu me senti segura em parar de pegar novos projetos corporativos e comecei a me preparar para finalmente fechar a Vision Client.

A autoridade estava sendo construída aos poucos e o dinheiro passou a entrar. Minha vida pessoal estava se refazendo, com o mesmo homem, o Gustavo, e eu não quero que você me julgue agora por isso. Já, já eu conto essa parte também.

Foi nessa época que resolvi investir pela primeira vez em uma mentoria e encontrei o Rodrigo Vinhas, meu mentor de negócios até hoje e um querido amigo que amo ter por perto.

Eu já havia reencontrado minha autoestima, estava feliz com minha relação comigo mesma, o dinheiro começava a deixar de ser um problema e parecia que eu estava a cada dia compreendendo mais o jogo digital.

Mas faltava alguma coisa, que só descobri o que era na FASE 4.

FASE 4

Resgate do meu feminino.

Foi em 2019, após três anos aprendendo intensamente sobre mim mesma, após dois *Think Weeks*, semanas em que parei minha vida apenas para me isolar e pensar sobre mim, mudanças de hábitos e a reconciliação de um casamento que o feminino se revelou para mim.

E para explicar o que significa essa frase enigmática de "o feminino se revelou para mim", vou usar a explicação da maravilhosa Maureen Murdock em seu livro *A jornada da heroína*.

Tive como referência do feminino duas mulheres muito fortes. Minha avó e minha mãe.

Vovó era empreendedora apesar de nem saber disso. Ela abriu uma escola nos fundos de sua casa e por décadas alfabetizou as crianças da região. Ela era uma mulher de personalidade forte, tinha pulso firme. Meu avô a seguia e a obedecia com resignação e amor.

Minha mãe foi a caçula temporã que amava soltar pipa, questionava tudo, foi para a faculdade e se formou doutora. Casou grávida, saiu de um relacionamento abusivo e trabalhou duro para me criar.

Ambas trabalhavam muito. Acumulavam vários papéis. Davam valor à exaustão. E foi isso que aprendi.

No livro *A jornada da heroína*, Maureen defende que uma mulher, ao nascer, é convidada a se separar do feminino e fazer um pacto com sua energia masculina. Trabalhar de forma desmedida, desbravar, competir, conquistar.

O mundo, por sua vez, recompensa a mulher que abraça o masculino. Quando eu trabalhava no mundo corporativo, sempre era a única mulher liderando no meio de outros líderes, todos homens.

Acreditei que a maneira que eu tinha para ser reconhecida como competente e mentalmente capaz seria entregar o dobro, "ser mais macho que muito homem e colocar meu pau na mesa", como dizem. O problema é que meu pau era imaginário. Eu não tinha um de fato. Usar meu pau imaginário por tanto tempo me colocou em alguns perigos.

Certa vez, antes do meu diagnóstico de *burnout*, eu estava em uma corrida para conquistar mais um cargo na empresa. Dessa vez eu seria a gerente mais importante do grupo e isso significava que meu salário dobraria. Então eu amanhecia e dormia naquela empresa. Trabalhei o dobro do que a pessoa que mais trabalhava.

E um dia menstruei. Quando fui ao banheiro pensei: "merda". Liguei para o ginecologista e perguntei se havia uma forma de parar de sangrar. Aquilo diminuía minha performance. O médico me passou uma pílula nova como se fosse totalmente normal uma mulher não sangrar e eu poderia tomar direto cartela após cartela e pronto, problema resolvido, eu acreditava.

Então eu lidaria apenas com mais aquele sangue e depois não tão cedo. No penúltimo dia do ciclo, quando o fluxo já estava no fim, introduzi um absorvente interno e fui para uma reunião. Lá me deram um manual de adequação de marca de mais de 200 páginas e minha missão seria adequar toda a empresa de acordo com aquele livro em um prazo de três dias. Receberíamos uma visita da fábrica internacional e acharam que eu era a melhor pessoa para garantir que tudo daria certo.

Encarei aquilo como a maior oportunidade da minha vida. Trabalhei 17 horas por dia até o momento da visita. E simplesmente esqueci que estava menstruada. Abandonei o absorvente dentro de mim por três dias porque não tive tempo de me lembrar dele. Provavelmente foi obra de meus mentores espirituais que eu não ficasse doente ou tivesse uma infecção. Porém, apesar de não haver uma consequência física, houve uma consequência emocional, já que eu percebi muito bem o lugar onde estava me colocando na longa fila de prioridades: simplesmente no último.

Eu me lembro de inúmeras vezes que fiz como a Maureen conta na jornada, aniquilei meu feminino e fiz um pacto com o masculino. Todas as vezes que julguei uma mulher por sua aparência, por suas escolhas ou suas vulnerabilidades. Todas as vezes que me senti culpada por descansar acreditando que era errado tirar um tempo só para mim. Todas as vezes que estava com meus filhos acreditando que deveria estar trabalhando ou todas as vezes que no trabalho me julgava uma péssima mãe por não estar com eles.

E quanto mais eu negava meu feminino, mais o mundo patriarcal me reconhecia com dinheiro e cargos. Me chamavam de forte, guerreira e invencível.

Ainda no mundo corporativo, alcancei um bom rendimento, acima da média dos brasileiros. E ainda tinha espaço para crescer e ganhar o triplo. Porém adoeci antes de chegar lá.

A Maureen chama essa fase de aridez e questionamento do sucesso alcançado e depois de mergulho na deusa. Um mergulho doloroso e profundo no qual você questiona tudo que sabia a seu próprio respeito, sem nenhuma resposta e com um medo terrível de nunca mais voltar à superfície.

Por isso que o empreendedorismo não era a chave de virada da minha vida e provavelmente não será a chave de nenhuma mulher. Empreender traz liberdade, escala e dinheiro, e eu sou imensamente grata pela vida que tenho hoje e pelo fato de o dinheiro não ser mais um problema para mim.

> **PRINCÍPIO SELVAGEM**
>
> O empreendedorismo não vai te salvar. Inclusive, ele pode ser tão ou mais tóxico do que qualquer emprego corporativo se você trouxer para o seu negócio a mesma autocrítica e as mesmas dores emocionais de sempre.

Mas se eu continuasse empreendendo sem olhar para meu feminino, provavelmente eu teria feito muito dinheiro, causado muito impacto, mas novamente eu ficaria doente e acabaria com a saúde afetada e com todas as áreas da minha vida como antes.

Sempre fui uma mensageira, assim como minha avó. Sempre pulsou uma mensagem forte dentro de mim, mas somente depois de ler *Mulheres que correm com os lobos* é que entendi que minha psique selvagem, a natureza instintiva e feminina, estava gritando para ser ouvida. Ela estava totalmente ofuscada pelo meu masculino enlouquecido.

Nessa busca por referências do empreendedorismo feminino, fui ao Google e digitei "mulher de sucesso". Cliquei em imagens e todas elas possuem o mesmo padrão: mulheres brancas, magras, vestidas formalmente com seus terninhos e saltos, todas maquiadas, mas não muito para não parecerem sexy. Todas estão em ambientes empresariais ou no topo de uma escada, mas sempre sozinhas.

Não havia no resultado de busca do Google uma mulher de sucesso gordinha, com seu cachorro caramelo. Nem a morena de cabelos crespos com seus filhos no supermercado. Nem a mulher preta em sua máquina de tear.

> **PRINCÍPIO SELVAGEM**
>
> Quanto mais mensageiras viverem de suas verdades, mais diversidade haverá na mulher de sucesso do Google.

Seja no empreendedorismo ou em qualquer outra ocupação, a mulher ferida, que se masculiniza, sempre acreditará ser obrigatório vestir aquela identidade para alcançar o sucesso? Mas que sucesso? Estamos tão ocupadas que sequer paramos para pensar.

Meu choro ao reconhecer a loba perdida dentro de mim foi de alívio. Por reconhecer que existiam outras formas femininas de sucesso e que talvez a referência não fosse a mulher de sucesso do Google, mas eu mesma. Ali integrei a mim e meu negócio à criatividade, à intuição, à sabedoria ancestral e à natureza como mestra. Balancei minha cauda e finalmente um novo mundo se revelou para mim.

Atividades Selvagens

1. O que é sucesso para você?

2. Desenhe ou rabisque uma imagem que poderia representar mais uma opção para a mulher de sucesso no Google.

3. O que você pode fazer ainda hoje para se tornar essa mulher?

A mensageira selvagem apaixonada

ISABELE MOREIRA

Outubro de 2010.

São cinco da manhã e normalmente essa é minha hora de acordar. Mas estou na rua, dentro do carro, no banco do carona. No lugar do motorista está Alessandro, pai do meu filho e meu abusador.

Foram dez anos de abusos psicológicos. Fui perseguida na rua, ouvi sobre qual roupa deveria e qual não deveria usar. Fui acusada de olhar para homens que não sabia quem eram. Tive meu celular invadido, minhas contas de e-mails reviradas.

Briguei, chorei, ameacei e continuei perdoando.

Me mantive naquele relacionamento doentio onde até o sexo me causava mal-estar.

Mas hoje estou tranquila, porque, no carro, com a voz calma e segura, assumo que não posso mais.

Peço para que ele saia de casa. Ele argumenta, implora, mas minha decisão está tomada.

Descubro que quando tomamos uma decisão, tiramos do outro o poder de nos ferir.

Em sete dias me livro do tormento e da infelicidade de uma década. Parece um sonho.

Sinto no meu corpo as possibilidades de uma nova vida. Serei solteira pela primeira vez.

As gavetas vazias do armário de onde Alessandro retirou suas roupas representam os espaços que se abrem dentro de mim para descobrir quem eu sou, aos 30 anos.

Alessandro é quatorze anos mais velho que eu, o que significa que quando o conheci eu era apenas uma menina. Agora poderei descobrir mais sobre a mulher que me tornei.

Ele volta a morar com a mãe. Eu recrio minha rotina com meu filho.

Terei tempo de sobra para viver essa solitude.

Contudo, a vida às vezes é meio irônica. Porque, em menos de um mês, me percebo abrindo mão de todas essas possibilidades de liberdade e caio completamente apaixonada por outro homem que não me merece.

Quando meu pai me abandona como filha, ele me ensina sobre como mereço ser tratada por outros homens. Quando minha mãe mantém uma relação abusiva com meu pai, ela me ensina que é "ruim com ele, pior sem ele".

Quando assisti repetidamente o filme *Cinderela*, da Disney, aprendi que uma mulher deve ser boazinha e aceitar ser explorada, porque em um determinado momento, uma fada aparecerá e resolverá todos os meus problemas com sua varinha *bibit bobit boo*. Aprendi que todas as moças de um reino inteiro disputarão o mesmo homem, mas como só eu tenho a fada, ele escolherá a mim.

Vamos combinar que as referências não ajudaram muito.

Cresci acreditando que eu merecia o meu "felizes para sempre". Mas, ao mesmo tempo, inconscientemente, não me sentia merecedora de amor. E dessas incongruências nasceram as relações desastrosas nas quais me enfiei.

Na adolescência me apaixonei pelo meu melhor amigo, Eduardo, que depois se tornou viciado em drogas, foi preso, solto e depois morto pelo tráfico local. Namorei Gustavo, meu atual marido, na adolescência, mas como estava envolvida no drama com meu melhor amigo, não dei bola para ele e terminei, dando como desculpa o fato de precisar me dedicar ao vestibular. Na realidade, eu apenas buscava ser rejeitada por quem eu não poderia ter.

Por muitas décadas me culpei pela morte de Eduardo. Me sentia uma amiga horrível, porque eu deveria ter salvo meu grande amor do caminho das drogas. Acreditei que eu não havia me empenhado o suficiente em salvá-lo da morte. Como se fosse minha responsabilidade ser a salvadora, ignorando totalmente suas escolhas.

Já na faculdade, com 19 anos, arranjei um estágio em uma rádio e lá conheci Alessandro, o pai da Ale. Quatorze anos mais velho, com 33, ainda estava cursando faculdade, paga pela mãe com quem ele ainda morava. Isso na época não foi um baita alerta para mim, o que mostra o quanto eu tinha referência zero sobre homens independentes e adultos. O pai da Ale estava noivo de outra mulher, mas não me contou. Achou melhor esconder que estava com casamento marcado. Ele ia para minha casa sempre e ficava comigo. E foi assim que engravidei.

Depois que ele resolveu contar que era casado, meu bebê já tinha mais de um aninho de vida e então caiu na minha cabeça toda aquela história. Eu havia sido enganada não apenas por ele, mas pela mãe, pela tia e pelo irmão que foram diversas vezes visitar o bebê compactuando com a mentira.

O fato de a família dele participar foi um fator importante para que eu tivesse me permitido ser enganada. Eu não tinha ainda vivência suficiente para entender que valores e caráter não têm nada a ver com idade e que existem pessoas com mais de 60 anos que acham ok compactuar com uma grande mentira apenas para proteger seus próprios interesses.

Esse foi o primeiro grande golpe da minha vida, bem aos 20 anos. Era o Universo me dando um presente. Ele dizia: *Cai fora! Essa família não tem nada a ver com você! Esse homem é tóxico. Vá viver com seu bebê e reconstrua sua vida, apenas vocês dois.* Mas eu não tive maturidade para ver dessa forma.

Quando ele percebeu que não havia mais como continuar com a mentira, porque eu pressionava muito já que achava muito estranho eu nunca ter ido à casa dele, ele decidiu terminar com a esposa, contar a ela sobre o nosso filho e vir me dizer que ele foi muito corajoso em largar tudo por minha causa.

Aliás, essa é a base do relacionamento abusivo. O abusador engana, mente, manipula, magoa e destrói todas as suas bases de confiança, mas diz que fez tudo isso por amor. Ele usa uma voz aveludada e promessas de amor eterno com um olhar de profundo arrependimento. É nesse momento que abre um fragmento de dúvida: será que estou exagerando?

Quando o abusador percebe a dúvida lampejar nos seus olhos, ele intensifica as declarações de amor e você acredita que o está perdoando pela última vez. Esse foi o retrato de minha vida por longos dez anos.

A CASTRAÇÃO DO FEMININO E O PREDADOR INTERNO

Eu fiquei nesse relacionamento dos 20 aos 30 anos. Justamente durante o período de crescimento da minha carreira no mundo corporativo. Era como viver pisando em ovos.

Alessandro se formou em jornalismo, inclusive escrevi sua monografia, mas nunca conseguiu um trabalho na área. Vivia desempregado e contribuindo para jornais de baixa circulação que nunca pagavam pelas matérias. Ele escrevia mal, o que também justificava sua falta de emprego.

Assumi que o sustento da casa deveria vir de mim, assim como minha mãe. Dei a mão ao meu masculino, neguei meu feminino e fui desbravar o mercado com a faca nos dentes. Mas cada oportunidade que surgia se transformava imediatamente em um problema na minha casa.

Ele se sentia inseguro, com ciúmes e eu comecei a acreditar que não poderia fazer muito mais dinheiro que ele, para não destruir a autoestima do coitadinho. Sua mãe, que pagava as contas pessoais dele, e que ele explorou até a morte dela, bem velhinha, foi de carro certa vez à Catedral de Aparecida do Norte fazer uma promessa.

— Levei a carteira de trabalho do Alessandro e fiz uma promessa para Aparecida. Pedi que ele tenha um emprego onde ele ganhe mais do que a Isabele. Somente assim ele vai conseguir se impor.

Durante toda aquela década eu estava na maior parte do tempo anestesiada. Não consigo me lembrar de muitos detalhes de nada, como se aquela não tivesse sido a minha história. Acho que meu cérebro não me deixa lembrar como um engenhoso esquema de autoproteção. Uma década em piloto automático. Trabalhando, dormindo, pagando as contas e fingindo todos os orgasmos.

Quando consegui sair, eu deveria ter me dedicado a descobrir quem era. E boa parte de mim queria fazer isso. Mas havia em meu feminino estraçalhado e na profunda necessidade de validação masculina, a necessidade do príncipe, do ideal imaginário da família feliz.

Essa necessidade estava à espreita sem que eu a percebesse exatamente no dia em que vi Gustavo pela primeira vez após quinze anos. Depois que terminei com ele, quando eu tinha 15 e ele 17, fui viver minha vida e ele deixou de ser o adolescente magricelo e inseguro para se tornar um homem lindo e misterioso de quase um metro e noventa.

Me apaixonei por Gustavo como um espirro. Foi rápido, involuntário e inesperado. Projetei nele o resgate da década perdida como se ele pudesse me dar toda a felicidade que acreditei que Alessandro havia me roubado. Para justificar a paixão, coloquei na conta do Universo, achando que Gustavo era um prêmio de compensação depois de tanto sofrimento.

Mas eu não estava pronta para amar homem nenhum basicamente porque eu não havia aprendido a amar a mim mesma. Foi terrível todo o relacionamento com Gustavo.

Nós nos aproximamos e começamos a namorar. Ele desinteressado, malandro, infiel. Eu apaixonada pela ideia de corrigi-lo e de sermos felizes. Contando namoro, noivado e casamento, tivemos muitas idas e vindas.

Foi a única época da minha vida em que bebi. Bebia para esquecer e depois vomitava e lembrava. Foi a época em que fiquei mais magra, porque a ansiedade e a tristeza me faziam perder o apetite.

Durante o relacionamento com Gustavo vieram os diagnósticos de *burnout* e depressão. E agora posso dizer que o mundo corporativo não era o único gatilho. Eu estava vivendo no meu limite. Completamente perdida de mim mesma.

Não havia amor-próprio, autoconhecimento, sonhos e planos. Apenas trabalho, boletos, um relacionamento no limite e o medo aterrorizante de perdê-lo. Como eu poderia ser uma mensageira assim? Nessa época, nem em eu era capaz de interpretar a mensagem.

PRINCÍPIO SELVAGEM

A autoconfiança e o amor-próprio são os alicerces de uma vida criativa. A mensageira que não os cultiva está em risco e pode viver completamente perdida de si mesma.

Dentro de mim havia um feminino desnutrido que ansiava pela validação e pelo amor de um homem que não estava disposto a me amar. Dentro de mim também existia um predador interno, um masculino enraivecido que quando não estava trabalhando, me culpava por ser uma mulher desinteressante. Dois pedaços da minha psique que me arrebentavam diariamente na busca por ser amada por aquele homem e para sobreviver à dor que esse amor avassalador me trazia.

Acreditei que a solução para tudo seria ter um filho. Um filho uniria o casal. Superaríamos nossos problemas e seríamos uma família feliz. Um bebê resolveria tudo. Tentamos por quase um ano e cada vez que o sangue menstrual descia, mais eu o odiava. Cada mês eu sentia estar perdendo a chance de prender aquele amor através de uma criança.

Por que meu útero ridículo não fazia o papel dele? Por que eu me sentia na corda bamba como se a simples ideia de perder Gustavo e tudo o que ele representava de ideário de família pudesse me destruir para sempre?

Quando finalmente engravidei da Alice, em Piracicaba, também tratei de organizar minha transição de carreira. Durante o tempo em que morei em Piracicaba vivi um misto de sensações. A gravidez me deixava feliz, alegre e esperançosa. Meu casamento parecia estar em uma fase tranquila, porque estávamos vivendo juntos a gravidez. Mas no trabalho a sensação era de estar em uma prisão. Dia após dia indo para aquela empresa e convivendo com um projeto de que eu não queria mais fazer parte. Eu sentia muita falta do Rio, da praia, do meu estilo de vida. Foi uma época boa e ruim ao mesmo tempo.

Gustavo me apoiou quando decidi transicionar. O nome Vision Client foi criado em uma conversa nossa enquanto ele lavava a louça do almoço que eu havia preparado. Ele contratou o domínio do site e ouviu todas as minhas ideias sobre o negócio. Me apoiou muito enquanto estávamos em Piracicaba, talvez porque ele desejasse tanto quanto eu voltar para o Rio. Ou simplesmente porque ele também não sabia o quanto seria difícil começar.

Nos instalamos em um apartamento próximo à praia. Alice tinha 7 meses quando voltamos, e em janeiro o Gustavo começou a procurar emprego e eu comecei a empreender.

Empreender com prestação de serviços ou no mundo digital é interessante e desesperador, pois não há um código de comportamentos óbvios.

Por exemplo, quando você começa em um emprego novo, existe um rito. Você sai de casa, vai para a empresa, se apresenta ao RH e pega seu crachá. Depois te apresentam a sua mesa e dizem mais ou menos o que você tem que fazer e então você começa.

Era janeiro, eu não tinha um lugar para ir, não tinha um chefe a quem me apresentar e nem um crachá para exibir no pescoço. Eu não recebi descritivo da vaga e não fui apresentada ao local de trabalho. Apenas acordei e fiquei na cozinha pensando: *o que eu faço, agora?*

É uma sensação ruim. Não ter um roteiro.

Então fui ao banco e abri a conta bancária da empresa e na volta comecei a desenhar uma estratégia de contato e prospecção. Era tudo muito subjetivo. Incerto. Comecei a ligar para alguns lugares e mandar a apresentação da Vision. Mandei imprimir mil cartões de visita.

Me dividia entre essas atividades desconectadas e cuidar da Alice.

O processo para conseguir os primeiros clientes demorou. E a demora fez com que eu baixasse o preço das minhas primeiras propostas, o que me fez atender algumas empresas por um valor abaixo do mercado. Trabalhava demais por pouco dinheiro.

Gustavo demorou quase seis meses para se recolocar e, quando conseguiu, o valor do salário era quase o preço da creche da Alice. Ainda assim, optamos por deixá-la na creche, pois assim ele teria a chance de evoluir na carreira e eu poderia me concentrar no negócio.

À medida que os meses passavam, nossa reserva financeira ia se esgotando. A empresa não performou como eu esperava. O aperto financeiro era diretamente proporcional ao nosso afastamento um do outro.

Gustavo sabe ser frio e indiferente quando quer. Ele saía cedo para o trabalho e, quando voltava, se dividia entre dar atenção à Alice e jogar no computador. Comecei a guardar toda minha angústia em relação ao dinheiro para mim mesma.

Alice ainda era bebê, por isso acordava duas vezes durante a noite. Ela mamava e pegava imediatamente no sono, mas eu não. As madrugadas eram infinitas para mim. O medo parece ser maior enquanto todos dormem. Era nas madrugadas que eu me visualizava sem dinheiro, sem marido, sem família.

Quando eu conseguia dormir, já era quase dia e logo precisava levantar para levar Alice à creche e começar meu processo desesperado por prospecção de novas empresas. Raramente meu marido e eu tínhamos um momento nosso, divertido.

Ele se fechava cada dia mais em seu próprio mundo e eu guardava para mim todo medo que estava sentindo.

No réveillon de 2014/2015, eu era a cara da esperança. No réveillon de 2015/2016, eu estava amedrontada e ao invés de agradecer ao Universo, pedi fervorosamente uma solução ou ao menos um alívio para a pressão que estava sentindo. Se eu fosse um elástico, estaria naquele momento no auge da minha tensão, prestes a arrebentar.

De alguma forma eu sabia que 2016 seria um ano muito difícil e realmente foi. Até hoje quando lembro, meu corpo sente o impacto das memórias, apesar de saber que eu precisava passar por tudo aquilo. Ainda assim, se eu pudesse, voltaria no tempo e corrigiria rapidamente todos os meus erros. Somente para não viver aqueles meses.

Em 2016 me deparei com a possibilidade de empreender na internet. Mergulhei nas poucas possibilidades da época e acrescentei aos meus dias cheios e desafiadores estudar sobre marketing digital.

Estudei profundamente a partir de maio e foi também a partir desse mês que meu casamento começou a dar dicas de que estava chegando ao fim.O buraco entre nós havia se tornado um cânion. Eu não sabia como resolver, porque todas as vezes que tentava conversar, ele se negava, afirmando que estava tudo bem. Eu me sentava na beirada da cama e tentava trazer o assunto à tona, mas ele não tirava os olhos do jogo na tela do monitor. Sua expressão não se alterava em nada. Era como se eu fosse absolutamente ninguém conversando sobre o nada.

A indiferença me invadia e se instalava em todas as minhas camadas como uma planta trepadeira que se fixa no muro e não deixa nenhuma parte da construção à vista. Meu coração batia forte em alerta querendo me preparar para algo muito ruim que viria.

Apesar dessa tortura emocional que eu me permitia viver, durante o dia eu continuava trabalhando desesperadamente e fechava, vez ou outra, um contrato ou treinamento. Esse valor nos mantinha, apesar de quase nunca conseguirmos pagar todas as contas do mês. Era comum pagarmos a conta de eletricidade com atraso quando a fatura seguinte estava prestes a vencer.

Um dia Gustavo me disse:

— Acho que você deve procurar um emprego. Está na cara que essa empresa deu errado.

Eu não disse nada. Mais uma vez, como havia virado hábito, me tranquei no banheiro e chorei. Eu preferia não chorar na frente dele, porque quando eu me mostrava vulnerável, sua indiferença me perfurava mais. A trepadeira se instalava com mais afinco em minhas paredes cheias de rachadura e umidade.

Então, sentada no chão do banheiro, eu deixava as lágrimas rolarem. *Como ele poderia me pedir para voltar para o mundo corporativo depois de tudo que ele me viu passar? O quanto eu realmente importava para ele?*

Desse dia em diante nosso casamento entrou em uma contagem regressiva. Um tic tac como uma bomba perto de explodir e varrer com ela tudo à sua volta.

Em agosto de 2016 Gustavo não estava apenas indiferente. Ele estava se comportando de uma forma que eu conhecia bem. Foram poucos dias até que eu encontrasse a moça com quem ele estava se divertindo virtualmente, incluindo as piadas internas a meu respeito.

Não foi uma traição física, mas foi uma traição moral que não havia como perdoar. Ainda assim, tentei, mas ele deixou claro que não se importava.

E então tomei a decisão mais difícil da minha vida. Reuni a última gota de coragem que tinha para me separar do Gustavo. Me lembro de ele sentir muita raiva. Me lembro de ele me ameaçar e dizer que tiraria a Alice de mim.

Contratei uma advogada, gastei o dinheiro que não tinha e então ele saiu de casa. Foi embora sem olhar para trás.

Não havia sobrado nada de mim. A casa gritava os espaços vazios da cafeteira, da mesinha do computador, da TV da sala arrancada da parede. Minha cama queen size de repente se tornou gigante e eu não conseguia dormir do lado dele, como se ele fosse voltar.

Passei mais ou menos sete dias assistindo *Grey's Anatomy* e chorando. Não trabalhei. Não criei um plano. Mas, como já disse, o boleto do aluguel chegaria.

A parte mais difícil da separação era todos os dias por volta das 18h. Quando ele deveria voltar do trabalho. As horas passavam e tanto Alice quanto eu percebíamos que ele não viria. Todas as noites ficávamos tristes. Eu estava começando a ficar preocupada em não conseguir sair desse buraco, mas precisava sair. Pelas crianças, eu tinha que sair.

Então decidi que 1) eu mudaria minha rotina inteira para que nada mais me lembrasse a ausência de Gustavo, 2) eu faria meu primeiro lançamento de infoproduto e 3) eu nunca mais permitiria que alguém tivesse o poder de me fazer tanto mal assim.

OLÁ, AUTOAMOR, MEU NOME É ISABELE. PRAZER EM FALAR COM VOCÊ PELA PRIMEIRA VEZ.

Comecei a acordar às 5h da manhã para meditar e ver o sol nascer. Tomava banho gelado e depois acordava a Alice para que ficássemos juntas por um tempo antes de deixá-la na creche. Na volta da creche, eu colocava um podcast no celular e ouvia enquanto corria na praia. Depois, iniciava meu trabalho, me dividindo entre aprender marketing digital e entregar meus projetos de consultoria e treinamentos.

No fim da tarde, buscava a Alice na creche e, ao invés de irmos para casa e ficarmos tristes com a ausência de seu pai, seguíamos direto para a praia e lá ficávamos brincando até a noite, quando eu a levava para casa, morta de cansaço e cheia de areia. Já Ale estava cada vez mais envolvida em seus planos de passar no vestibular de sociologia e mudar o mundo.

Depois de colocar a Alice na cama, eu trabalhava no meu negócio digital. E quando, por volta da meia-noite, eu me deitava, ocupando apenas o meu lado da cama, eu chorava.

O cansaço era enorme, a solidão, avassaladora e o medo de algo dar muito errado era como uma companhia que ficava ao meu lado durante todo o dia. Ora o medo estava apenas por perto como uma presença silenciosa, ora ocupava complemente o cômodo, trazendo com ele uma sensação claustrofóbica de enclausuramento.

Mas eu estava muito comprometida com meu experimento de nova vida. Eu sabia que aquela vida e toda aquela infelicidade haviam sido criadas por mim. Ao contrário do que acontece com a maioria das pessoas, eu não me ressenti. Não procurava culpados. Até mesmo a raiva em relação ao Gustavo ia passando — até o embate seguinte. Atraso do dinheiro da Alice, disputa de guarda, audiência de pensão de alimentos, que foi um verdadeiro show de horrores, e tantas outras coisas que iam acontecendo. Eu sentia muita raiva, mas depois ela se dissipava como uma nuvem de cheiro desagradável.

Não guardar mágoa, ressentimento e rancor sem dúvida me ajudou muito. Havia apenas um sentimento com que eu menos sabia lidar. Eu sentia falta dele. Nas pequenas coisas, no cotidiano. Das piadas internas, de compartilhar os mesmos gostos. De ele saber exatamente o que eu estava pensando sem eu precisar falar. E quando eu sentia falta, sentia raiva de mim por sentir falta. Uma parte de mim me confrontava, porque acreditava que o fato de eu sentir saudades evidenciava o quanto eu não gostava de mim mesma.

Apesar desses altos e baixos, eu estava envolvida com a ideia de me tornar uma pessoa diferente, com hábitos e resultados diferentes. Estava muito focada em criar uma vida em que nada mais lembrasse o Gustavo, e para isso eu precisava fazer coisas novas.

Como ser apaixonada pelo meu ex-marido frio e cruel doía como se eu estivesse sempre abraçada a um cacto, me propus a me apaixonar por outra coisa: o marketing digital.

Eu ainda não havia percebido, mas esse movimento de acordar cedo, meditar, correr na praia, brincar com a Alice, estudar marketing digital e mudar os móveis de lugar em casa estava criando uma casquinha, ou talvez o certo seria uma membrana bem delicada por cima da minha ferida de separação e rejeição. A membrana ainda era frágil e quase transparente. Apesar de sua fragilidade, ela trazia alívio. Como uma toalha macia molhada e gelada sendo delicadamente colocada em cima de uma pele queimada.

Ao perceber isso, me concentrei em fortalecer a membrana do autoamor, minha mais nova melhor amiga.

O LANÇAMENTO ZERADO MAIS BEM-SUCEDIDO DO MUNDO

Um mês depois da saída do Gustavo, decidi lançar meu primeiro infoproduto. Chamava-se "A Bíblia do Treinamento Eficaz". Entendi o processo. Aliás, entender a lógica do lançamento era muito fácil, talvez por eu ter sido a mulher dos projetos por tantos anos. Era um funil de vendas clássico, parecido com os que eu implantava nas empresas.

Existiam apenas duas diferenças. As ferramentas digitais para colocar o funil em funcionamento eram uma novidade para mim e demandavam tempo para entendê-las. A segunda diferença era a linguagem digital, que era completamente diferente da forma corporativa de se comunicar. Então eu não apenas estava aprendendo a executar uma coisa nova, como estava desconstruindo a forma de comunicar que eu havia aprendido e solidificado durante quase duas décadas.

Mas eu estava apaixonada por aprender e implementar. E estar apaixonada por aprender e implementar era muito mais saudável do que estar apaixonada por um ex-marido que não me amava.

Quando chegou o dia do lançamento eu me deparei com vários problemas:

— O meu produto "A Bíblia do Treinamento Eficaz" ainda não havia sido aprovado na plataforma de venda, o que significa que, mesmo se alguém quisesse comprar, eu não tinha link para vender. Isso me tomou boa parte do dia tentando solucionar e depois mudando de plataforma em cima da hora.

— A escola me ligou logo após o almoço para me dizer que a Alice havia tido um processo alérgico e estava com manchinhas por todo o corpo. Eu precisava pegá-la e levá-la na emergência. Ali eu tive medo de não dar tempo de fazer o lançamento. Fiquei com medo de não conseguir terminar o processo a tempo. Mas não havia outra alternativa, então larguei tudo e levei a Alice para o Hospital Infantil. Alice tomou um antialérgico e ficou bem.

Segundo a médica, deve ter sido uma reação ao corante vermelho da gelatina que ela havia comido de sobremesa. Reação alérgica que ela nunca mais teve na vida, o que me fez pensar que ela estava apenas manifestando no corpinho dela tudo o que nós duas estávamos vivendo nos últimos dias.

— À noite, o Gustavo estava com Alice e então eu podia me dedicar ao lançamento. Minha filha mais velha também estava com o pai e em casa estava apenas Gi, minha melhor amiga, e eu. Eu havia feito tudo, com muitos erros e com várias ações pela metade, mas tudo. E então aconteceu. Eu deveria transmitir uma aula on-line, ao vivo, por uma plataforma de webinários, mas meu computador não comportou o peso da ferramenta e travou.

— Além do computador velho que travava, também tentei transmitir a aula usando apenas o wi-fi, o que foi um grande erro. Eu precisava ter plugado o cabo azul de rede para que a internet chegasse mais estável na máquina, que já não era lá essas coisas.

— O webinário não aconteceu. Eu não vendi, porque sequer consegui colocar a aula no ar.

Obviamente eu estava cansada e chateada, mas minha cabeça tinha um padrão forjado ainda no mundo corporativo. Sempre que havia um problema, eu imediatamente criava soluções. Então passei boa parte da madrugada pensando em outras ações de vendas que eu pudesse fazer no dia seguinte e as fiz.

No final de sete dias oferecendo a "Bíblia do Treinamento Eficaz", ninguém comprou.

Mas eu estava encantada. Quase feliz.

Me observando durante essas quase duas semanas intensas de lançamento, percebi com esperança que eu não havia chorado pelo Gustavo nem uma única vez. Eu sequer tinha pensado muito nele. Me sentia cansada, mas ao mesmo tempo energizada, excitada por entender que no longo prazo eu dominaria todo aquele processo, não cometeria mais aqueles erros e viveria de infoprodutos.

Não era mais apenas uma paixão. Era amor. Um profundo amor por mim mesma, pelo futuro que eu sabia que poderia construir e por trabalhar com educação digital. No momento da minha vida em que me sentia mais perdida, eu havia achado exatamente aquilo de que precisava.

Logo depois que acabou o lançamento em que não vendi nada, marquei a data do segundo. Essa foi minha dinâmica durante um ano. Um lançamento após o outro. O Universo havia me mostrado minha nova rotina, ou eu simplesmente estava descobrindo que estava completamente apaixonada pela mensageira que eu era, mesmo que ainda não soubesse disso.

TINDER, MELHOR AMIGO, ENSAIO PATRIARCAL E A BUSCA PELO BOM E BELO DO AMOR

Enquanto toda essa dinâmica de viver o luto, sobreviver em vários níveis, cuidar das crianças, fazer lançamentos e tocar os projetos de lançamento continuavam, uma parte de mim gritava para ser vista: minha sexualidade e meu desejo (quase desesperado) de ter um relacionamento.

Eu tive fases. Da maioria delas, não me orgulho. Na fase do app Tinder, baixei o aplicativo e começava a conversar com três a cinco homens diferentes por vez. Havia um padrão destrutivo nesse processo. Eu pensava em Gustavo e, consequentemente, no buraco inflamado no meu peito. Para borrifar um spray analgésico na ferida, eu acessava o Tinder. Iniciava algumas conversas, me sentia inteira por alguns minutos. E quando as conversas se mostravam vazias e desconectadas, eu sentia novamente a ferida. Então eu buscava mais alguns perfis e recomeçava o processo.

Dessas conversas, cheguei a sair com dois caras. Gustavo pegava Alice de quinze em quinze dias e levava para passar o fim de semana com ele. Eu aproveitava esse tempo para adiantar ao máximo meu trabalho do negócio digital, mas as noites eram vazias e eu me sentia muito sozinha.

No primeiro encontro que marquei, fui a um restaurante com o homem que pelo que me lembro trabalhava com importação de alguma coisa. Ele era bonito, cheiroso e parecia dedicar bastante tempo em deixar sua barba rala perfeitamente adequada ao rosto. Mas ele era um estranho. E por trás de toda a superficialidade e civilidade da conversa, deixou nítido que sua intenção era apenas dar uns amassos e, com sorte, transar com alguém, no caso, eu, naquela noite.

Eu não transaria com um desconhecido. Nunca fiz isso nem quando era mais nova, quanto mais agora com quase

40 anos. Mas eu o beijei. Aquele beijo mecânico e físico desprovido de qualquer profundidade de sentimento. Na hora me achei descolada. Mas quando subi as escadas do prédio, o choro veio em ondas convulsivas de dor e solidão. Eu não queria beijar um desconhecido. Eu queria meu marido de volta e me odiava naquele momento por querer aquele homem que não me amava em minha vida.

Eu queria que essa tivesse sido a única tentativa. Mas não foi. Eu me enfiei nessa armadilha algumas outras vezes até que desisti do Tinder e continuei minha vida de experimentação de novos hábitos e lançamentos. Desinstalei o aplicativo para parar de me violentar.

No meu ciclo da vida criativa, eu ainda sentia falta de alguns resgates. Um deles, urgente e visceral, era o resgate do amor pelo meu próprio corpo. Eu queria me sentir conectada ao meu corpo, à minha sexualidade. Queria novamente me achar bonita e saber que era capaz de sentir prazer nesse corpo. Durante meu relacionamento abusivo com o pai da Ale, eu via o sexo como uma terrível obrigação. Com Gustavo, eu via como um momento de tensão, em que eu sempre achava que ele não me queria o suficiente.

Eu queria compreender a sexualidade de uma forma mais profunda, mais amorosa e instintiva. Queria viver o que eu já havia compreendido como a relação entre a energia sexual e a minha capacidade de realizar projetos e sonhos. De novo me faltavam referências.

Caí então em uma armadilha. Apareceu na escola da Alice um fotógrafo de ensaios sensuais oferecendo pacotes de fotos para as mães da escola. Ele havia montado um cenário provisório com tecidos e puffes e tinha uma coleção de adereços que as mulheres poderiam usar.

Marquei o ensaio, porque realmente acreditei que aquele poderia ser um resgate de autoestima. Acreditei que passar uma tarde sendo maquiada e ornada em fotos sensuais resgataria minha relação com o corpo.

Chegando lá, o primeiro golpe. As mulheres que fizeram o ensaio eram casadas e seus maridos ajudaram a escolher as melhores fotos do pacote para comprar. Eu estava indo sozinha e não tinha nenhum homem interessado para escolher fotografias comigo.

Após ser maquiada, o fotógrafo me apresentou os adereços. Tinha de tudo, desde gigantes asas vermelhas de pluma, até guitarras cenográficas e chicotes. Tudo muito vulgar. Não era sensual. Era o pior do estereótipo objetificado feminino.

As poses eram uma tortura à parte, porque o fotógrafo me montava em posições dolorosas e quando eu reclamava ou um músculo tremia resistindo à força que estava fazendo na direção contrária que ele estava acostumado, o fotógrafo falava:

— Ficar bonita é um sacrifício. Continua e mais tarde você toma um Dorflex.

Mas a pior parte, aquela que me golpeou de formas covardes, foi a hora em que ele trouxe uma fantasia de noiva vulgar. Uma calcinha de renda branca e um corpete junto com um véu e um buquê vermelho cenográfico.

Expliquei que não queria vestir aquilo. Expliquei que ainda estava me recuperando do recente fim do meu casamento e que aquela roupa esfregava na minha cara o fracasso do amor na minha vida. Mas tanto o fotógrafo como sua esposa, a maquiadora, me trouxeram argumentos como: faz as fotos, boba! Assim ele verá o que ele perdeu. Faça por você e não por ele.

Cedi à pressão, já cansada e sem conseguir discernir o certo do errado, e fiz as fotografias. Violência. Tristeza. Abuso. Quando voltei para casa, voltei mais vazia do que estava quando fiz o ensaio. Vi e revi aquele pendrive de fotos dezenas de vezes procurando a autoestima e o amor pelo meu corpo. Não encontrei. Ali havia uma mulher amordaçada e castigada por si mesma e pelo patriarcado.

Foi bom ter passado por isso, porque entendi exatamente onde buscar e onde não buscar a conexão com meu próprio corpo. E quero muito deixar uma observação importante antes de encerrar esse assunto das fotos. Hoje conheço fotógrafas do feminino, cujas lentes conseguem de fato retratar a essência, sensualidade, feminilidade. Profissionais que resgatam o feminino em mulheres que posam lindamente conectadas à natureza. Infelizmente não foi o que vivi. Aquele profissional estava acostumado a fazer fotografias para revistas masculinas. Seu objetivo era fotografar carne. No caso da minha, uma carne sensível e inflamada que saiu dessa experiência mais perdida em sua loucura e solidão.

O tempo passou. O ano virou. 2017 chegou. Meus lançamentos já traziam meia dúzia de gatos pingados e isso era uma grande alegria para mim. Me conectei a um grupo de empreendedores que também estavam começando no mundo digital e foi um alívio conviver virtualmente com eles. Guardo um profundo respeito e gratidão a cada uma daquelas pessoas que naquele ano foram tão importantes para melhorar minha ambiência e diminuir minha solidão.

Em abril, trouxe a Alegria, ainda filhote, para minha casa. E passei a me ocupar também da jornada de educar uma golden retriever levada e cheia de energia. A vida parecia estar ganhando um ritmo mais saudável. Eu conseguia ver evolução.

Estava apaixonada pela possibilidade de viver só do digital. Aceitava resignada o trabalho de consultoria e treinamento empresarial que ainda pagava minhas contas. Estava feliz com meu corpo e começava a acreditar que eu era realmente uma mulher que merecia ser amada.

Toda aquela mudança de rotinas e hábitos, junto com o passar do tempo e por ter perdoado Gustavo e termos conquistado uma relação no mínimo respeitosa em relação à Alice me deram um respiro. Todos os dias eu caminhava na praia, voltava, tomava banho e me olhava no espelho. Comecei a gostar da imagem. Comecei a reconhecer naquele reflexo um espectro da mulher que eu era. Estava gostando de iniciar esse relacionamento íntimo com ela.

Já estava mais familiarizada com meu estilo de roupas. Estava feliz com os chinelos e com as ecobags. Minha pele estava saudável e meu corpo bem-disposto. Eu me sentia bem. Não completamente feliz. Não em paz. Mas bem, dignamente bem. Bem o suficiente para ter esperança e certeza de que algo muito bom aconteceria. E aconteceu.

Quanto mais eu fortalecia minha relação íntima comigo mesma, mais criativa eu me sentia. Meus projetos estavam ganhando velocidade, mais de execução do que retorno financeiro, é verdade, mas eu via avanços muito consistentes. Uma profunda sensação de que faltava muito pouco, como se eu estivesse no limiar de um acontecimento importante.

Dentro do grupo de amigos empreendedores havia um rapaz, quatro anos mais novo que eu, que morava no interior de São Paulo, há mais de 800 quilômetros de distância, que acabou se tornando um querido amigo. André era honrado, íntegro e talentoso. Seu projeto era sobre criar uma metodologia de liberdade financeira para funcionários públicos. Ele era generoso e inteligente. Um homem do bem. Me apaixonei por ele ou pela ideia de ter um homem como ele em minha vida.

Estar apaixonada por André foi a melhor coisa que aconteceu em 2017, pois, durante esse tempo, eu sequer lembrava do Gustavo e do nosso drama. Meu rosto exibia um sorriso constante e eu falava sobre o André para as minhas amigas Gi e Roberta, e elas me incentivaram a contar para ele sobre meu interesse.

Foi uma linda distração bem no momento em que o Gustavo vivia uma gravidez não planejada da atual namorada e não sofri nem um minuto por conta daquela notícia. Estava certa de que a vida dele estava evoluindo assim como a minha, e esperava sinceramente que ele fosse feliz, porque era só o que eu queria para mim também.

Eu nunca havia me declarado a um homem. Em todos os meus relacionamentos, o envolvimento aconteceu através de uma mistura de flerte com o cara dando o primeiro passo. Era meio absurdo, mas aos 38 eu ainda não havia tomado a frente e declarado interesse por alguém. Me senti animada em tentar.

Ali percebi que algo profundo havia mudado em mim. Não havia nenhuma sombra de medo da rejeição. Eu não temia o ridículo e a exposição. Me sentia como uma mulher que havia se apaixonado e contaria a esse homem sobre esse sentimento, entendendo que ele era um felizardo por ser objeto do meu interesse. Mesmo que ele não sentisse o mesmo, ele deveria se sentir lisonjeado. Eu nunca me senti assim, tão valorizada por mim mesma.

Estava provado que essa construção de hábitos, autoconhecimento, autocompaixão, perdão, resgate e um novo projeto eram a chave para o autoamor.

Então me declarei. Por texto. Pelo WhatsApp.

Como esperado, André foi respeitoso e carinhoso ao receber minha mensagem. Ele é um homem racional e analítico e me disse de forma intensa e pausada que precisava pensar sobre tudo isso, mas que se sentia sortudo por receber essa mensagem. Ele tinha a mesma percepção que eu. Ser amado por uma mulher talentosa, trabalhadora, que trabalha seu emocional diariamente é realmente um acontecimento relevante. Ali entendi que somos vistas no mundo como nos vemos.

Enquanto eu me via como um brinquedo quebrado, fui tratada assim. Quando me vi como um presente, aquele homem tão bom e talentoso me enxergou da mesma forma.

André demorou apenas três dias para me dizer que desde que recebeu a mensagem, eu não saía da sua cabeça e que ele queria me conhecer, muito mais profundamente do que o grupo de empreendedores permitia. Começamos a nos falar no privado de vinte a trinta vezes por dia. Compartilhávamos desejos, manias, gosto, vontades, defeitos, medos e íamos nos conhecendo e nos conectando cada vez mais.

O ano de 2017 entrava no seu último trimestre. Meus problemas financeiros permaneciam. Não tão graves como antes, mas ainda não tinha uma vida confortável e livre das dívidas. Meu negócio digital havia gerado R$ 30 mil de receita até então, o que não chegava perto do que eu precisava para viver, o que significava que ainda precisaria da minha empresa de treinamentos por mais algum tempo.

Mas eu estava feliz. Não muito feliz. Não soltando fogos de artifício ou, como Zeca Baleiro, mandando flores para o delegado. Mas eu sentia uma felicidade serena, uma alegria contida e cotidiana como café da tarde na casa da vó.

E isso já era uma grande conquista.

Eu estava apaixonada por mim. Pela primeira vez na vida. Percebi a mulher incrível que eu sou.

EU ESTAVA APAIXONADA
POR MIM. PELA PRIMEIRA
VEZ NA VIDA, PERCEBI
A MULHER INCRÍVEL
QUE EU SOU.

◉ euisabelemoreira

UM FINAL INESPERADO

O ano virou e era 2018. Minha primeira ação do ano foi muito, muito feia. Terminei com o André pelo Skype.

Depois que nos conhecemos em nossas conversas infinitas, partimos para o encontro físico. Marcamos no meio do caminho, em Taubaté. Fui dirigindo do Rio e ele de sua cidade. Nos encontramos em um hotel em Taubaté e passamos dois dias juntos. Foi estranho.

Havia muita conexão de amizade e cumplicidade. Havia um desejo profundo de fazer dar certo. Mas havia uma desconexão física. André não me fez sentir nem de perto o que eu gostaria de ter sentido e não estava pronta para abrir mão desse direito de sentir prazer. Além disso, tínhamos algumas visões de mundo muito diferentes e isso me preocupava.

Enquanto eu queria crescer e enriquecer para viver experiências, viajar, escrever e ter uma vida confortável, André queria enriquecer para juntar todo o dinheiro para o caso de algo muito ruim acontecer. Meu ponto de vista partia da abundância. O dele, da falta.

Nos encontramos fisicamente novamente em novembro e passamos mais três dias durante um evento de marketing digital. Em novembro, as nossas diferenças de valores e planos já gritavam e o sexo ruim agravava a situação. Mas ainda estávamos juntos e nos gostávamos muito para admitir que não daria certo.

Havíamos combinado de passar o réveillon juntos na minha casa e eu encarei esses dias como o experimento final. Ou entraríamos em 2018 com a certeza de que esse relacionamento tinha um futuro ou iríamos terminar. André chegou no dia 26 e me encontrou com um beijo apaixonado no aeroporto. Eu não estava apaixonada.

Passamos dias agradáveis, mas quase não transamos e isso era a prova de que não daria certo. Que casal recente fica dois meses sem se ver e quando estão juntos não pensam em transar muito? André era meu amigo, um querido amigo e eu tinha feito uma grande confusão.

Na véspera do Ano-Novo fui deixar a Alice com o Gustavo. André me acompanhou e Gustavo o viu no carro. Ao deixar a Alice, chorei. Chorei, porque não teríamos mais todos os feriados juntas. Eu sempre teria que escolher passar com ela o Natal ou o Ano-Novo. Sempre estaríamos em parte separadas. E Gustavo também. Nunca teria a filha em todos os eventos e memórias e aquilo me deixou profundamente triste.

André notou minha tristeza e se solidarizou. André não tinha filhos e não tinha o sonho de ser pai, então, para ele, entender o que eu estava sentindo exigia um esforço de compaixão que ele fazia sem problema, porque ele era sem dúvidas um homem bom.

A virada do ano foi o meu marco de decisão. No réveillon de 2015/2016, eu estava tomada pelo medo e intuindo que 2016 seria o pior ano da minha vida. Na virada de 2016/2017, recém separada do Gustavo, optei por passar o réveillon absolutamente sozinha na praia. Fui para a praia e, durante a queima de fogos delirante e os estouros de garrafas de champanhes e abraços calorosos, eu olhava o céu e chorava. Não havia apenas tristeza naquele choro. Havia uma promessa.

Prometi que em 2017 eu consertaria minha vida. Descobriria meu defeito e o consertaria. Prometi que entraria em 2018 como uma mulher feliz. Prometi que encontraria e catalogaria os erros que me colocaram naquela situação e nunca mais os cometeria. Selei essa promessa com a mais fervorosa das decisões: eu seria feliz. Me amaria. E mudaria minha vida.

Agora, na virada 2017/2018, com André na mesma praia, sob os mesmos fogos de artifício coloridos e febris, senti que evolui. Não estava mais em pedaços, havia me colado e me enxergado. E me amava tanto que não fazia sentido estar partilhando aquele momento com um homem que eu não queria. Eu queria poder voltar no tempo e ter o André novamente como amigo. Queria não ter mandado a mensagem me declarando. Mas até essa história fez parte da minha cura.

Eu estava tão apaixonada por mim que não fazia sentido namorar um homem por quem eu não estivesse apaixonada também.

PRINCÍPIO SELVAGEM

Uma mensageira busca intencionalmente, todos os dias, apaixonar-se por si mesma. Esse amor-próprio abre o portal de uma vida em que ela não aceita migalhas ou menos amor do que ela dedica a si mesma.

Por saber que ele não me perdoaria e por ser covarde o suficiente para não encarar essa conversa presencialmente, deixei que ele fosse embora para casa no dia primeiro sem comunicá-lo sobre minha decisão de terminar.

No dia 3, eu chamei o André para uma *call* pelo Skype e então disse que não continuaríamos juntos. Ele foi educado e frio. Depois que desligamos, me bloqueou em todas as redes e eu nunca mais soube dele.

No dia 10 de janeiro, decidi ir à praia para desenhar um novo funil de vendas. Estava cansada de ficar em casa. As empresas que eu atendia ainda estavam voltando às suas atividades e a agenda de treinamentos ainda estava tranquila. Então coloquei um biquíni, peguei um caderno e uma caneta e dirigi até a praia de Itaipu.

Depois de dar um mergulho na água gelada e transparente, deixei que o sol de 30 graus queimasse minha pele. Abri o caderno e comecei a escrever um exercício de criação de realidade. Entendi que se queria que 2018 fosse um bom ano, eu precisava mostrar ao Universo exatamente o que eu considerava bom, com riqueza de detalhes.

Comecei a rascunhar os detalhes:

- Quero me casar.

- Quero me casar com um homem que seja pai e por isso entenda que a maternidade é uma prioridade.

- Quero que esse homem ame minha filha e seja um bom exemplo para ela.

- Quero criar meus planos em conjunto com ele.

- Quero que ele me apoie em meu crescimento no mercado digital.

- Quero que ele entenda que meu trabalho é minha expressão de autenticidade e criatividade e, por isso, nunca queira disputar com minha carreira.

- Quero que ele seja bom.

- Que tenhamos uma boa vida sexual e que eu sinta admiração por ele e pelo que estamos construindo juntos.

- Quero me mudar com ele para um lugar mais amplo e mais confortável onde eu possa ter um cômodo que seja exclusivamente meu escritório.

- Quero enriquecer ao lado desse homem.

Olhei para aquela lista e a achei digna. Sinceramente, achei boa, na altura da mulher que eu havia me tornado e sorri, porque realmente eu era agora uma mensageira apaixonada. Apaixonada pela vida e por mim mesma e isso abria um espaço saudável para que eu me apaixonasse por outra pessoa também.

Um mês depois, Gustavo me ligou pedindo para conversar.

Atividades selvagens

1. Escreva como é sua relação com seu corpo, com o prazer e com seu autoamor.

2. O que você pode fazer para melhorar os níveis de paixão em sua vida.

3. Vá para a natureza e escreva a sua lista de construção de vida criativa dando ao Universo detalhes de como você deseja que seja sua nova vida, em todas as áreas dela.

O merecimento de ser rica e selvagem

ISABELE MOREIRA

É 2002 e estou dentro do ônibus 53 passando pela orla da praia de Icaraí. Estou indo para o trabalho e todos os dias observo, de um lado o mar azul e a pedra de Itapuca e, de outro, os prédios residenciais de alto padrão rasgando a geografia local. Alguns prédios são marrons, com revestimento de mármore do início ao fim. Outros possuem apenas apartamentos duplex.

Fico curiosa, porque nunca vejo moradores nas sacadas observando o mar. Tenho a impressão de que se eu morasse em um apartamento de frente para o mar, constantemente passaria meu tempo na sacada. Começo a especular, como todos os dias, o preço de um apartamento desses.

Chuto R$ 1 milhão, mesmo sem nunca ter pesquisado. Me pergunto se o prêmio da Mega-Sena está acumulado. Penso em apostar. Todos os dias penso em apostar e nunca apostei.

Mas continuo acreditando que ganhar na loteria é muito mais possível do que um dia, através do trabalho, conseguir comprar um apartamento desse.

Meu pai, até onde sei, abandonou uma cidade do interior do Ceará e veio tentar uma vida melhor no Rio de Janeiro. Ele sempre foi vendedor e pelo que minha mãe conta, um ótimo vendedor. E, como vendedor, seus ganhos eram imprevisíveis. O que significa que em alguns momentos estávamos bem e, em outros, não conseguíamos pagar o aluguel.

Meu pai não sabia juntar dinheiro e investir. Meu pai não tinha controle financeiro. E, quando morreu, cego pela diabete, morava em uma casa sem teto e em total pobreza. Foi o que me contaram após sua morte.

Minha mãe escolheu se inspirar em seus pais. Meu avô materno, vô Aristides, era funcionário de uma repartição pública e se aposentou assim. Vovó era professora e tinha uma escola nos fundos de casa. Eles eram regrados com o dinheiro. Não faziam nenhuma extravagância. Não viajavam, e não comiam fora nunca. Minha mãe se tornou essa pessoa.

Então minhas duas referências sobre relação com o dinheiro eram assim. De um lado, o descontrole e, de outro, uma vida de esforço sem quase nenhum prazer.

Durante mais de trinta anos transitei nos dois extremos. Sacrifício e descontrole.

O dinheiro por algum tempo se tornou uma ferramenta de compensação. Para compensar a vida vazia que eu tinha com o pai da Ale, eu fazia parcelas e distribuía cheques pré-datados na compra de eletrodomésticos, roupas e sapatos. Brinquedos de uma forma geral.

Eu queria enriquecer, porque, assim como meu pai, eu gostava das possibilidades trazidas pelo dinheiro. Por muito tempo acreditei que teria um golpe de sorte e ganharia na loteria, mas quando conheci o mercado de educação on-line, percebi que era possível enriquecer com o meu trabalho.

Então, por que eu continuava pobre, endividada e exausta? Qual era o segredo dos ricos a que eu não tinha acesso? Comecei a consumir esses conteúdos na internet e em livros. Li alguns livros sobre mentalidade e sistema de crenças milionárias. Eles faziam sentido, mas faltava alguma coisa. Como se o autor não estivesse falando do mesmo lugar que eu.

Em 2017, ouvi o termo prosperidade sendo empregado para explicar uma vida de dinheiro, propósito e prazer e comecei a pensar muito nessa palavra. O que tornava uma pessoa próspera? Todas as pessoas ricas são prósperas? Todas as pessoas pobres financeiramente são escassas? Eu tinha dúvidas sobre como responder essas perguntas.

Mas o simples fato de me perguntar sobre isso ampliou o significado da palavra prosperidade em minha mente. Definitivamente não é só sobre dinheiro. E definitivamente saúde está obrigatoriamente colada à prosperidade.

Entendi o sentimento de prosperidade como uma mistura de paz de espírito, segurança, vontade de evoluir e alegria. Mas principalmente entendi que a prosperidade é um direito e está acessível no mundo para todas as mulheres.

E eu não sou hipócrita e meritocrata. Entendo que mulheres pretas, moradoras de comunidades, sem acesso à educação possuem condições muito mais difíceis do que as minhas. Mesmo sendo uma mulher mestiça, sem pai, criada em um bairro muito pobre, tive educação e escola particular. Tive comida, teto e segurança para estudar e fazer o dever de casa.

Ainda assim, entendo que todas as mulheres possuem acesso energético como um passe livre à prosperidade, porém elas não sabem disso. A natureza é o maior exemplo de prosperidade no mundo. Ela é autossuficiente, possui força, beleza e fluxo. Tudo perfeitamente conectado. Lembro-me do filme *Rei Leão*, em que o Mufasa explica a cadeia alimentar para o Simba. O leão come o antílope, mas quando o leão morre, ele "vira grama" e os antílopes comem a grama.

A natureza é diversa. Infinitas espécies, cores, sistemas, complexidades dentro de um equilíbrio carregado de paz e sabedoria.

As mulheres são conectadas à natureza de uma maneira ancestral. Nós nos fortalecemos quando estamos na natureza. Nossas ancestrais menstruavam diretamente na terra. As mulheres foram as primeiras a entender a medicina da natureza. Somos as guardiãs da terra, das águas, do fogo, do ar. E se temos essa conexão, somos prósperas, de forma selvagem e iniciativa. Apenas nos esquecemos disso.

Mas quando começamos a relembrar, a vida começa a mudar. Desdobrei o conceito de prosperidade selvagem pensando na relação de mulheres com a natureza e criei a mandala da prosperidade selvagem. Ela é uma ferramenta de conexão e de diagnóstico para retornar para casa. Vou compartilhar a mandala abaixo.

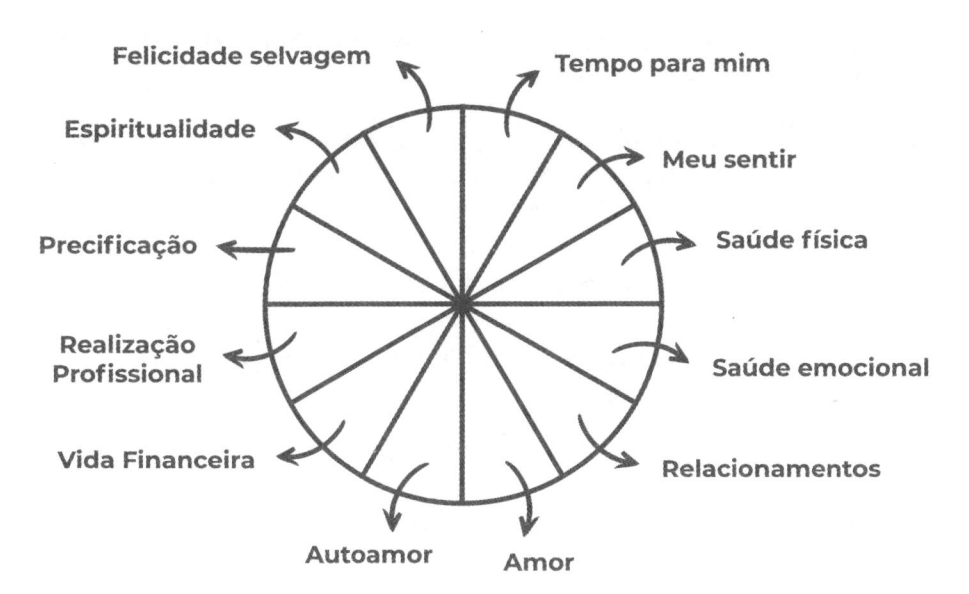

- Felicidade selvagem
- Tempo para mim
- Espiritualidade
- Meu sentir
- Precificação
- Saúde física
- Realização Profissional
- Saúde emocional
- Vida Financeira
- Relacionamentos
- Autoamor
- Amor

Durante todos os anos do mundo corporativo onde me permiti domesticar e durante todas as ocasiões em que me quebrei em muitas partes, essa mandala estava terrivelmente comprometida. A prosperidade selvagem feminina é inata, mas o mundo patriarcal nos afasta de todas essas áreas suprimindo nossa confiança, energia criativa e fé em nós mesmas, arrancando de nós as possibilidades de vivermos alinhadas aos nossos talentos, medicinas e intuição.

Desde quando rascunhei a mandala até hoje, fiz algumas alterações chegando nessa etapa.

TEMPO PARA MIM

Acordo às 4h30 da manhã e ainda falta bastante tempo para o dia amanhecer. Caminho até a cozinha e bebo um copo de água. Todos dormem. Marido, crianças e até os pets da minha casa. Pego meu japamala e me sento na sala no escuro e fecho os olhos. Ali permaneço em silêncio, colocando toda a atenção na minha respiração. Sinto meu peito e abdômen inflarem ao inspirar e os sinto retrair ao expirar. Esvazio minha mente e ali permaneço em estado de contemplação por alguns minutos.

Após a meditação, ainda de olhos fechados, me conecto energeticamente à minha espiritualidade e me coloco mais uma vez à disposição dos planos do Universo e ao mesmo tempo realizo um ritual íntimo e pessoal de proteção energética, envolvendo, com a imaginação, todo meu corpo com uma película transparente. Estendo minha película aos meus filhos e marido. Agradeço profundamente a honra de acordar mais um dia.

Após esses minutos em profunda conexão comigo mesma e com minha espiritualidade, caminho até meu escritório e acendo as luzes. Sento-me de frente ao meu bullet journal e o abro na mandala lunar do ciclo atual. Preencho minha mandala com lápis de cor, usando as intensidades do azul, verde, rosa e lilás para marcar minha qualidade de sono, foco, disposição e organização dos dias anteriores. Preencho meu rastreador de hábitos e revisito minha página de rotina ideal para lembrar tudo aquilo que é inegociável para mim e o quanto preciso manter tudo isso em minha vida.

Quando o dia começa a amanhecer já estou com minha calça legging e uma blusa de malha. Desço as escadas do prédio e então caminho na orla por 5 quilômetros, ora em silêncio ora ouvindo música ou um podcast interessante. Dou um mergulho nas águas calmas e geladas da manhã e volto para casa. Me sinto alegre, nutrida e pronta para iniciar meu dia. Acordo as crianças com um beijo carinho por volta das 6h40. Hora de ir para a escola.

Depois de agir por anos como o coelho de *Alice no País das Maravilhas*, repetindo o tempo todo "estou atrasada, estou atrasada, estou atrasada", hoje desenvolvi uma rotina em que a primeira coisa do dia é cuidar da pessoa mais importante do mundo para mim: eu mesma.

Ao longo do dia, faço micropausas de vinte minutos entre uma atividade e outra para respirar, caminhar, esticar o corpo e me hidratar. Em algumas noites treino desenho realista com lápis de cor, um hobby que me transformou em ilustradora.

O fato é que, todos os dias, de forma intencional, abro espaço na minha vida para mim mesma. Sentir que não estou apenas cuidando da família, da casa, dos compromissos, dos boletos, do trabalho, da audiência, das alunas e da minha equipe. Tempo para apenas ser.

Não é à toa que essa seja a primeira fatia da mandala da prosperidade selvagem, afinal, como eu poderia me conectar à força da natureza se me mantivesse ocupada e exausta durante todo o tempo?

MEU SENTIR

Não é apenas sobre ser próspera, e sim sobre se sentir próspera. Passar a maior parte do dia conectada à alegria e à gratidão e não ao medo. O medo é a polaridade da escassez, porque se tenho medo é porque acredito que algo dará errado e perderei minha prosperidade. Ao estar conectada e sentir a alegria e a gratidão, uma mensageira selvagem sabe que tudo está no lugar; mesmo tendo desafios, a trama do tear está tecendo a malha da sua vida criativa com luz e sombra, expansão e retração, ciclicidade, ritmo e sabedoria ancestral feminina.

"Meu sentir" mede o quanto uma mulher realmente se sente próspera e com acesso à toda abundância do mundo e isso nada tem a ver nesse momento com o saldo de sua conta bancária.

SAÚDE FÍSICA

O corpo físico é a morada da criatividade. A casa espiritual que conecta todas as camadas de existência. É um espaço sagrado que permite sentir e existir nesse mundo de terceira dimensão. É através dos sentidos da audição, visão, tato, paladar e olfato que os estímulos e informações do mundo chegam à mente e são interpretadas através de nossos filtros, referências e memórias.

É com o corpo físico que pensamos, criamos, nos desenvolvemos, peregrinamos e nos comunicamos com o mundo. É com ele que sentimos prazer e que deixamos no mundo nossa marca.

A saúde física é um presente. Parte dela é responsabilidade diária de cada pessoa. De cuidar, nutrir, movimentar, hidratar e manter saudável o corpo físico.

SAÚDE EMOCIONAL

Existe um meme antigo na internet que diz que nosso corpo é composto majoritariamente por água e que, por isso, precisamos nos hidratar o tempo todo. Basicamente somos plantinhas com ansiedade.

Imaginando uma mochila de emoções e sentimentos onde algumas são positivas e ajudam na construção da vida criativa e outras negativas e afastam a realização dos sonhos e metas, é importante saber a cada fase da vida a composição dessa mochila.

Tristeza, raiva, apatia, culpa, vergonha, coragem, confiança, amor, alegria, conexão, compaixão, autocompaixão, medo, desejo, orgulho, segurança, insegurança, rejeição, preocupação, ansiedade, alegria, paz, e tantas outras sensações humanas que chegam e se vão a cada minuto, a cada acontecimento externo e interno.

Medir a qualidade das emoções é um indicador para saber se uma pessoa está calibrada nas emoções favoráveis para viver a prosperidade selvagem.

RELACIONAMENTOS

Eu já estive em uma ambiência inóspita para construção de sonhos. Me permiti conviver com pessoas que tinham visões duras, julgadoras e limitadas sobre a vida e sobre outros seres humanos. Grupos de WhatsApp onde apenas eram compartilhadas notícias falsas, acontecimentos ruins, memes inúteis e conversas vazias.

Uma mulher precisa proteger a qualidade de sua ambiência. Ela precisa cultivar relacionamentos alinhados com sua natureza selvagem. Manter à sua volta pessoas que compartilham de sua visão de mundo, respeitam sua individualidade e aparência. Pessoas que apoiam suas escolhas, até mesmo quando não concordam.

Se afastar de qualquer relacionamento de amizades, familiar ou social que estejam sugando energia, trazendo estresse e provocando insegurança é fundamental para abrir espaço para a reconexão com a prosperidade selvagem.

AMOR

Não somos seres autossuficientes. Somos livres, mas precisamos nos sentir amadas, vistas e valorizadas. Estar em um relacionamento confiável e feliz abre espaço para a expansão criativa. Por isso, viver o amor em profundos níveis de entrega com outro ser humano que também esteja se entregando é fundamental.

AUTOAMOR

O ponto de partida para qualquer transformação feminina profunda está dentro e não fora. É o momento em que a mulher decide se amar. Apesar de seus medos, defeitos e incoerências. Apesar das rugas e da gordura localizada. Ela se ama. Ama e respeita seu corpo do jeito que é. Ama sua existência e orgulha-se de quem é. Ama sua capacidade de criar e confia em si mesma como sendo a sua melhor companhia no mundo inteirinho.

Autoamor é utilidade pública feminina. Depois de séculos sendo objetificada, calada e colocada em papéis subalternos no filme da vida, o autoamor resgata o protagonismo e impõe limites. Do autoamor nasce a coragem.

VIDA FINANCEIRA

Em termos práticos, é a avaliação (bem mais racional do que outros itens da mandala) da quantidade de recursos financeiros, alocados em despesas mensais, reservas e investimentos.

Quando ministro aulas sobre a prosperidade selvagem na Certificação Mulheres da Nova Era, percebo que as alunas se dividem em três grupos. O primeiro, mais populoso, abrange as mulheres que não estão satisfeitas com a conta bancária. Elas analisam e acreditam que a conta bancária não reflete o quanto de renda deveriam estar gerando de acordo com a contribuição que oferecem ou podem oferecer. Como uma balança descalibrada. O segundo grupo, consideravelmente menor, abrange mulheres que veem coerência e estão satisfeitas com suas contas bancárias, porque aprenderam a gerar renda, mas que ainda não sabem como investir e multiplicar esse dinheiro. O terceiro grupo é muito pequeno: mulheres que geram rendas com as quais se sentem satisfeitas e possuem estratégias de carteira de investimento em curto, médio e longo prazo.

REALIZAÇÃO PROFISSIONAL

A realização profissional é aquele profundo sentimento de estar criando algo no mundo que não seja apenas pelo dinheiro, mas que também envolva paixão, valores e que esse trabalho ou carreira esteja alinhado com a rotina que essa mulher decide viver.

Uma mulher que ama a medicina e se torna médica pode ou não se sentir realizada profissionalmente. É possível que ela ame ser médica, mas a rotina dos plantões semanais seja completamente incompatível com seu sonho de desacelerar e viver de seu trabalho home office à beira-mar. Nesse caso, ela ama o que faz, mas não se sente realizada. Talvez essa médica precise transicionar para uma carreira digital onde poderá exercer a medicina, ser muito bem paga, mas ainda assim preservar seu tempo em casa perto da natureza.

PRECIFICAÇÃO

Fiquei bastante tempo tentando encontrar um termo para essa fatia da mandala. Mas me parece que precificação é um bom termo para validarmos a capacidade feminina de gerar a sua própria renda. Essa é uma fatia da mandala que mede não apenas a vida pessoal dessa mulher, mas também historicamente a busca feminina pela remuneração justa e igualitária em relação aos homens.

Basicamente, a ideia da precificação é medir o quanto o valor que entra do meu trabalho é justo em comparação com o impacto desse trabalho no mundo.

ESPIRITUALIDADE

A espiritualidade feminina é a porta de conexão com a sua própria medicina. Esse relacionamento com algo que transcende, a que podemos dar nomes diversos, como Deus, deusas, mentores espirituais ou apenas a energia que paira em torno de todos nós, preferencialmente livre de dogmas que gerem medo ou repressão.

A conexão espiritual aguça a intuição feminina e a capacidade inata da visão além do alcance de fazer escolhas e de se sentir nutrida por essa conexão com a natureza e com a força criativa que rege o universo

A espiritualidade precisa ser trabalhada de maneira intencional todos os dias e isso não tem a ver necessariamente com frequentar a missa aos domingos ou com os compromissos sociais das entidades religiosas. A convenção social pode ser uma escolha, mas aqui a ideia é identificar o quão íntimo é esse relacionamento com a espiritualidade no cotidiano e no silêncio.

MEU LAR

A mulher é um ser de travessia. Ela transita das águas rasas às profundas. Do mundo interior para o exterior. A mulher é uma andarilha das dualidades. E por isso mesmo seu lar externo retrata seu lar interno.

Essa categoria entrou muito recentemente na mandala da prosperidade selvagem. Fui uma criança que cresceu em uma casa usada apenas como dormitório. Mamãe trabalhava tanto que não tinha tempo para decorar ou fazer melhorias. Fui criada rodeada por móveis velhos e muito simples e, em alguns momentos, minha casa tinha infestações de baratas que me faziam acordar sobressaltada à noite.

Quando saí de casa pela primeira vez, levei comigo de maneira inconsciente a casa como dormitório. Nunca quis ter casa própria. Nunca foi meu sonho.

Pensando racionalmente, enterrar um dinheiro em um imóvel ou ainda pagar anos de prestação de crédito imobiliário a juros altos não é inteligente do ponto de vista financeiro. Sei que para uma parte considerável dos brasileiros o sonho da casa própria supera o pensamento racional e vamos admitir também que a maioria da população desse país não sabe fazer contas mais complexas para descobrir que o dinheiro rende mais em aplicações do que colocado na casa própria.

Ainda assim, eu poderia ter feito dos apartamentos e casas em que morei intencionalmente um lar. Não o fiz.

Em algumas épocas eu ficava meio fissurada em um aparelho doméstico ou em uma roupa de cama bonita, mas esse movimento jamais foi sistêmico. Até bem pouco tempo, nunca havia me perguntado qual estilo de construção, revestimento e decoração tinham mais a ver comigo.

Além disso, minhas gavetas e armários sempre foram muito bagunçados e, apesar de eu não ser a pessoa que compra muitos objetos e roupas há bastante tempo, de alguma forma as coisas se acumulam e se perdem na minha casa.

Quando me vi como esse ser andarilho entre o mundo interior e o mundo exterior, identifiquei que cada gaveta da minha casa, cada acúmulo e a despreocupação com a manutenção ou decoração retratavam algo dentro de mim.

Venho há algum tempo – sendo sincera, pouco tempo – curando essa relação psíquica de lar. Lar interno e lar externo. Por isso agora essa categoria está na mandala.

Por aqui ainda está sendo um processo de descoberta, mergulho e cura interior.

O PATRIARCADO NOS FEZ ESQUECER DA PROSPERIDADE

Trabalho com mulheres empreendedoras, empresárias e aspirantes a terem negócios digitais. Esse projeto envolve prosperidade e dinheiro. Porque, a partir do desejo de transicionar de carreira e começar um projeto no mundo digital, essa mulher irá precificar e vender seu trabalho. Aqui começam vários desafios que só existem porque o patriarcado roubou da mulher a crença de que ela é próspera, de que ela sabe e pode lidar bem com o dinheiro e que enriquecer é algo lícito e honrado.

A história da humanidade se confunde com a história da desconexão da mulher com a liberdade e, consequentemente, com a prosperidade. Desde que as civilizações começaram a se militarizar a fim de defender suas fronteiras, o que só foi necessário quando o homem deixou de ser nômade e passou a cultivar o próprio alimento, o casamento foi se tornando uma forma de conquista de poder territorial. A família A casa seu filho com a filha da família B e, a partir desse casamento, nasce uma aliança política, territorial e militar entre esses dois núcleos. Nesse contexto de casamento, a mulher era a moeda de troca.

O silenciamento e o cancelamento feminino fez com que a mulher se tornasse aquela que limpa, passa, cozinha, engravida e coloca filhos no mundo para que ela mesma crie durante toda sua vida e o homem ganhou o mundo, participou da evolução de cultivos, manufaturas, indústrias, pesquisas e tecnologias.

A mulher foi sustentada pelo marido durante muitas gerações e perdeu a memória de seu direito de escolha e de sua capacidade de transformar seu trabalho em riqueza, qualidade que ela possui tanto quanto qualquer homem.

Interiorizamos crenças ao longo do tempo acreditando que mulheres são gastadeiras, menos inteligentes, limitadas, que não têm jeito com o dinheiro e que seu trabalho precisa ser decorativo ou em cadeiras mais operacionais.

Quando chegamos em cargos como CEO ou quando nos tornamos empresárias, o mérito e a capacidade são nossos, mas essas crenças nos circundam como velhos fantasmas do inconsciente coletivo que nos fazem sentir insegurança, solidão, desconforto e a tão conhecida síndrome da impostora.

Empreender passa por um processo que começa com o resgate da autovalorização. É como poder dizer com o coração cheio de certeza: meu trabalho é incrível e quem comprá-lo tem sorte. Por isso, cobro um valor justo e esse valor inclusive é acima do mercado e dos meus concorrentes.

Quando uma mulher se sente assim, ela consegue sustentar essa crença na criação de produtos e serviços muito diferenciados e consegue passar essa autoconfiança em sua comunicação e suas ofertas. Na verdade, ela consegue ofertar. E simplesmente conseguir falar seu preço sem nenhum desconforto já é uma vitória política, filosófica e ancestral.

A única forma de recuperarmos a memória da prosperidade selvagem é através da autovalorização e da educação financeira. Quanto mais mulheres estudarem sobre investimentos, patrimônios, estratégias tributárias e aplicarem seus conhecimentos na construção de seus ativos, mais referências teremos para nossas filhas e próximas gerações.

Não iremos parar enquanto não houver uma legião de mulheres ricas, que multiplicam seu dinheiro com responsabilidade e conhecimento, se vestem da forma como são mais felizes, possuem tempo para elas e fazem da vida aquilo que alegra seus corações.

Atividades selvagens

1. Preencha sua própria mandala selvagem.

2. Escolha dois itens da mandala para priorizar a melhoria deles sabendo que mudanças nessas categorias influenciarão a melhora nas demais.

3. Trace um plano de 3 a 5 ações para que você se reconecte com a sua prosperidade selvagem.

Agora chegou a sua vez de preencher a mandala da prosperidade. Respire fundo, beba uma água e se nutra de auto-compaixão.

Pegue um lápis, preto ou colorido, para iniciar o preenchimento. Quando estiver pronta, analise cada fatia da mandala separadamente e preencha de acordo com a sua satisfação com o item analisado.

Após preencher todas as fatias, veja sua mandala com compaixão e se pergunte: por onde vou começar a melhorar esses resultados para que eu me sinta cada vez mais feliz e abundante?

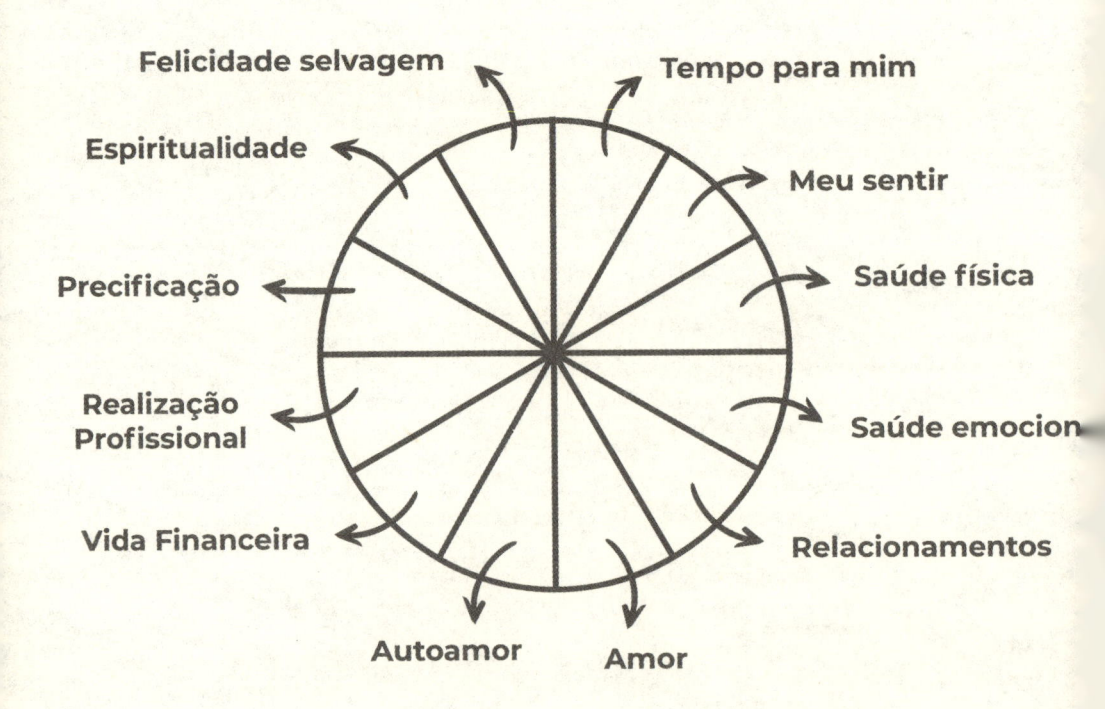

- Felicidade selvagem
- Tempo para mim
- Espiritualidade
- Meu sentir
- Precificação
- Saúde física
- Realização Profissional
- Saúde emocion[al]
- Vida Financeira
- Relacionamentos
- Autoamor
- Amor

A criatividade é sagrada

2011.

Fujo da realidade no meu horário de almoço. Pego minha bolsa, penduro-a no ombro e saio pela rua em direção ao shopping com a desculpa de almoçar. Nem sempre estou com fome e hoje é um dia assim. Minha fome é de fuga. Sair, caminhar, olhar vitrines e degustar esse vazio que sinto em relação a toda minha vida.

Meus olhos vasculham o movimento, mães com crianças, executivos apressados olhando seus telefones, pessoas experimentando produtos de marcas variadas. O cheiro misturado e adocicado do marketing olfativo de várias lojas e a sensação de arrepio do ar-condicionado trabalhando em sua máxima performance.

Normalmente entro no shopping e me sento em um restaurante. Peço um prato e leio um livro, me transportando quase que integralmente da minha realidade monótona para a história que estou lendo. Hoje faço diferente.

Uma loja me chamou a atenção. Uma papelaria. Já passei por ela tantas vezes e já entrei e comprei algumas coisas pontuais para minha filha.

Mas hoje é diferente. Meus olhos se fixam nas cores alegres, nas texturas e na composição mágica de todos os objetos expostos na vitrine. Sem pensar, entro e vou até a prateleira de canetas coloridas e coleções de lápis de cor.

Paro em frente àquela variedade de objetos criativos e coloridos com um ar de devoção e reconhecimento. Eu gosto disso.

É quando sou pega de surpresa por uma voz interior. A mesma Isabele que brinca em segurança em seu quarto psíquico na infância. Ela diz: você se esqueceu do que te faz feliz, desenhar. Passou da hora de você começar a se lembrar.

A vendedora me aborda e me puxa de volta daquela revelação que recebi e então sorrio e digo:

— Uma caixa de lápis de cor 36 cores e uma coleção de canetas Stabilo, por favor.

****

A criatividade é um mutante. Num momento ela assume uma forma. No instante seguinte, uma outra. Ela é como o espírito deslumbrante que aparece para todas nós, sendo, porém, difícil de descrever já que não existe acordo a respeito do que as pessoas vislumbram do seu clarão cintilante.

Clarissa Pinkola Éstes

A maioria de nós tem duas vidas. A que vivemos e a que permanece dentro de nós não vivida. Entre as duas, interpõe-se a Resistência.

Steven Pressfield

Ele sorriu com infinita compaixão para a menina e perguntou: "Você tem a coragem necessária? Tem coragem de trazer à tona esse trabalho? Os tesouros escondidos dentro de você estão esperando que você diga 'sim'".

Elizabeth Gilbert

A força criativa está em todo ser humano e é uma energia feminina. Mulheres possuem a capacidade energética em seus corpos de engravidar, gerar e parir bebês. De fato, podemos interpretar arquetipicamente que mulheres possuem de forma inata a capacidade de engravidar, gestar e parir qualquer projeto e sonho.

Somos preparadas fisicamente para viver a transformação criativa a partir de uma vontade. Essa vontade se torna uma semente, que se torna um projeto, depois, um emaranhado de ações intencionais e, por fim, um resultado.

Se somos filhas da força criadora de tudo que existe, carregamos a força criadora dentro de nós, mas nesse caso é importante delimitar: A criatividade está nas ideias ou nas ações? Estou sendo criativa quando crio cenários novos e possibilidades em minha mente? Estou sendo criativa quando utilizo a arte como ferramenta e produzo a minha criatividade através da dança, da música, da escrita e das cores em uma tela? Onde reside a criatividade?

Alucino que a criatividade reside na coragem. Na coragem de apenas ser. Ser criativa (no campo das ideias e do impalpável) e ser criadora (no campo físico e prático do agir, comunicar e pôr em prática).

A criatividade existe na dança mítica entre as polaridades feminina (yin) e masculina (yang).

Mulheres que se encontram com feridas profundas em seu feminino e que se mantém em cárcere de domesticação de suas naturezas criativas e selvagens tendem a se sentir vazias, inseguras, acuadas, medrosas, sem ímpeto ou coragem, impostoras, inadequadas, pequenas, obsoletas, procrastinadoras, incapazes e desamparadas.

Já mulheres que negaram e anestesiaram o feminino e criaram um pacto com a energia masculina sentem-se ressentidas, exaustas, com raiva, confusas, reativas, ansiosas, frustradas e infelizes, com a sensação de que não importa o que façam, o trabalho nunca tem fim e nunca será suficiente.

A manutenção da vida criativa e de rodar as sete etapas do círculo consiste em resgatar a paz entre as polaridades. Fazer as pazes com as capacidades criativas do feminino de intuir, sentir, farejar, mergulhar, cuidar, descansar e viver a dança dos ciclos com as capacidades criadoras do masculino de liderar, agir, planejar, impor limites, comunicar e se expor sem se sentir refém da opinião, crítica e julgamento do outro.

> **PRINCÍPIO DA MENSAGEIRA SELVAGEM**
>
> Não existe criatividade na exaustão.

A mensageira, por conta da velocidade do mercado digital e muito também por causa de sua autocobrança excessiva, confunde criatividade com produtividade. "Preciso ser criativa para criar esse carrossel de conteúdo em 10 minutos, porque preciso postar algo agora." Mas o contexto é de medo, irritação, início do ciclo menstrual e uma noite maldormida.

A criatividade não dá as caras na exaustão. Ela é uma força divina como um rio com todos os seus afluentes, margens e córregos. Nossa função é manter o rio criativo saudável, vivo, vibrante e limpo. Vez ou outra ela também se manifesta como nosso fogo criativo, como um ponto de luz que ilumina o próximo passo ou a próxima decisão, de dentro para fora.

A criatividade precisa de referências, de fontes, e por isso a mulher criativa e criadora é a que pausa, que lê, que descansa e deixa suas ideias decantar. A criatividade precisa de tempo, de espaço, de cultivo e de ambiência. Ela precisa que o terreno psíquico feminino esteja fértil e que haja nessa mulher uma vontade genuína de criar.

Fui uma criança que desenhava. A filha única de uma mãe que trabalhava fora e que via nas folhas de papel sulfite e nas canetas hidrocor o passatempo do desenho. Sempre amei desenhar mulheres. Sempre amei escrever, pintar e todo tipo de expressão de mim mesma através do papel. Esse era meu fogo criativo na infância que guiava minhas tardes.

Meu rio criativo era composto de águas cristalinas. Eu desenhava, porque amava e não porque tinha que ficar bonito ou porque tinha que colocar o desenho na mesa do chefe até impreterivelmente meio-dia. Eu desenhava porque fazia parte de mim SER desenhista.

Até que cresci e esqueci. Me distraí pelo mundo adulto, das tarefas e responsabilidades. Me corrompi pela barganha da aliança com o masculino patriarcal. Aposentei sem nenhuma intencionalidade minhas canetas e lápis de cor.

Passei décadas sem desenhar. Até que um dia eu lembrei. Ao comprar aquele estojo de lápis, tive contato com meu rio criativo, poluído e quase seco, cujas águas tinham aspecto de lama na cor e na consistência. Começou-se ali um longo caminho de limpeza interna e reconexão com minha natureza selvagem criadora.

Passei anos apenas colocando coisas no mundo, na velocidade que as empresas pediam, sem que nada daquilo fizesse muito sentido, apenas sendo atraída pelo salário no quinto dia útil. Não treinei minha criatividade sagrada nem nas horas vagas, porque eu simplesmente não tinha horas vagas.

Aquela caixa de lápis chegou em casa e foi colocada em uma gaveta. Não a abri e não desenhei. Apenas a guardei com a sensação de que havia trazido um relicário, mas era como se eu não tivesse permissão para usar.

Meses se passaram até que eu realmente desenhasse alguma coisa, mas algo havia mudado. Meu senso crítico. Ao olhar o desenho me senti pequena e inadequada. Minhas mãos destreinadas e meus olhos já com certo grau de miopia e hipermetropia não me entregaram o desenho que meu ego gostaria de ter criado. Julguei minha criação e, ao fazer isso, diminuí ainda mais a chama do meu fogo criativo.

Meu próximo passo foi investir em cursos de desenho e pintura. Abri espaço intencional para desenhar quase todas as noites, fazia as aulas e treinava. Aprendi técnicas que me tornaram uma desenhista melhor. Mas demorei muito mais meses para cogitar em voz alta que sou uma ilustradora. A palavra me trazia vergonha, como se a qualidade da minha obra deixasse esse termo inadequado.

Mas quem tem a chancela e o poder de dizer que sou ou não criativa? A quem você deu o poder de determinar se você é ou não capaz, é ou não suficiente? Para quem estamos terceirizando julgar nossas capacidades?

O fato é que nosso desafio, como criativas e criadoras, é encontrar o ponto de conciliação entre a criatividade despretensiosa de pintar uma parede qualquer em casa e a criatividade intencional de escrever um livro. É o limiar entre o medo de errar por ser criativa demais e criar algo que ninguém entenda e a coragem de nos expor como nervos no mundo. É o paradoxo entre nos sentirmos inspiradas a criar algo genuinamente autoral e ter a ideia de milhões ou simplesmente resolvermos um problema do dia a dia.

A criatividade sagrada feminina causa estranheza, porque ela é mais bem notada em mulheres livres e essa liberdade ainda incomoda e projeta dor em pessoas domesticadas.

O fato é que não temos escolha. Ser uma mensageira selvagem como nossos corações insistem que sejamos exige assumir a identidade da criativa e da criadora e colher os resultados disso, alguns maravilhosos e divinos e outros assustadores e frustrantes.

O alento é que não existe nada mais poderoso e um tesouro mais valioso do que ver uma mulher dizendo um sonoro e corajoso sim para os sussurros internos da sua criatividade.

Atividades selvagens

1. O que você amava criar quando criança e simplesmente deixou de lado ou esqueceu?

2. Como anda a saúde do seu rio criativo?

3. Tire um dia por semana ou a cada quinze dias e se leve para um DATE PESSOAL. Saia para jantar, ir ao cinema, parque ou praia. Permita-se entrar em uma loja, sebo ou acessar internamente um espaço esquecido que lhe diga qual atividade você quer fazer novamente ou pela primeira vez e que simboliza sua conexão com a criatividade sagrada.

4. Dê esse passo com coragem.

Maternidade selvagem

1988.

Estou no meu quarto brincando e começo a ouvir meus pais brigarem. A discussão é muito alta, mas eles sempre discutem, então já tenho uma tática. Me desconecto do barulho, dos insultos e xingamentos e fico apenas brincando com minhas bonecas. Mas dessa vez é diferente. Começo a ouvir gritos da minha mãe. Largo a boneca de pano que estava penteando e me pergunto o que fazer. Eu não sei. Odeio não saber.

Me levanto da cama, mas, em vez de ir ajudar minha mãe e jogar algo pesado para nocautear seu agressor, meu pai, eu me escondo atrás do meu armário de mogno.

Fico ali pedindo para acabar. Escuto o som vibrante dos pés de minha mãe correndo. Seus gritos. Não escuto meu pai. Peço para que acabe.

Quando finalmente ouço o silêncio, sinto alívio, mas também sinto medo. Medo pela vida da minha mãe.

Reúno toda a coragem que tenho e que não é muita e vou andando em silêncio até a área de serviço. Eu queria ir correndo, mas só consigo andar.

Quando chego na área, mamãe está sentada em uma cadeira dobrável chorando. Quando ela me vê, pede pra que eu volte para o quarto. Volto sem dizer nada. Queria lhe dizer muitas coisas, mas não sabia como. Queria matar meu pai.

Mas apenas volto em silêncio para o meu quarto.

No dia seguinte, mamãe coloca um band-aid no local onde está a marca dos dedos de meu pai em seu pescoço e vai trabalhar como se nada tivesse acontecido. Mas aconteceu.

RELATO DE PARTO 1

Dezembro de 1999.

Sinto a primeira contração ainda de madrugada. Estou sozinha como sempre. Ainda nem amanheceu, mas o dia 14 de dezembro de 1999 já se tornaria especial. Vou ao banheiro fazer xixi e noto uma gota de sangue. É o parto, eu sei. Mesmo sem ter nenhuma experiência no assunto.

Não tenho como avisar ninguém. Não tenho o telefone da casa do pai do bebê.

Preciso esperar que ele chegue no trabalho por volta das 9h para que ele saiba que vou parir seu filho. Desço de elevador no prédio onde moro e encontro um telefone público. Entre uma contração e outra ligo e deixo recado. Agora só resta esperar.

Volto para casa e aguardo.

Duas horas depois ele chega.

Então entro no táxi com ele a caminho do hospital maternidade pública que escolhi e que ele havia esquecido qual era.

Ao chegar lá espero atendimento.

A médica me diz que o bebê nasce hoje.

Me despeço dele e subo para a sala de parto.

ISABELE MOREIRA

Ele não tem utilidade nenhuma no processo. Nem de resolver coisas e nem de suporte emocional. Um zero à esquerda tem mais glamour.

Na sala de parto começo a andar e a gritar.

Não demora muito.

Às 15h nasce Alexandre de parto natural.

Hoje Alexandre é Ale, uma talentosa e inteligente mulher trans.

RELATO DE PARTO 2

Maio de 2014.

Demorei quase a gravidez inteira para encontrar um médico em Piracicaba que aceitasse me acompanhar e fazer meu parto natural. Não encontro. Todos os médicos me orientam cesariana e uma delas me critica falando mal "dessa onda de mulheres feministas que querem ter seus bebês como nas cavernas".

Encontro o dr. Valcir. Ele aceita fazer meu pré-natal e meu parto no Hospital Unimed de Piracicaba.

Com 39 semanas e cinco dias, começo a sentir as dores. Vou ao hospital.

O dr. Valcir está de plantão e me diz que estou com 2 centímetros de dilatação e me orienta voltar para casa.

Em casa, ao longo do dia, as dores vão aumentando.

À tarde, o Gustavo me leva novamente ao hospital e liga para o médico.

A partir daí, começo a viver uma série de acontecimentos sem perceber que estou sendo vítima de violência obstétrica.

Com 8 centímetros de dilatação e muita dor, uma assistente tenta me fazer responder a uma pesquisa. Ela, com sua prancheta, me faz perguntas sobre meus hábitos, gestação e, sem se incomodar com meus gritos, continua seu questionário que nada tem a ver com as informações necessárias para o parto. Peço para ela parar, mas ela continua.

De repente, o dr. Valcir interrompe e entra na sala apressado e me sinto imediatamente aliviada.

O Gustavo não está conosco, porque está preso na recepção assinando uma infinidade de papéis de admissão e do plano de saúde. Peço insistentemente pela presença do meu marido.

O dr. Valcir me toca e diz que precisa me levar urgentemente para a sala de parto, porque a bebê está prestes a sair. Deitada na maca, sendo levada às pressas pelo corredor, sinto chegar lancinante mais uma contração. Grito a dor de mil ossos se quebrando.

O anestesista pede para eu ficar quieta. Pede para eu não gritar. Me sinto envergonhada.

Sou colocada na mesa e meus pés são amarrados dos dois lados deixando meu canal vaginal exposto.

O Gustavo chega apressado.

Nessa hora, Alice nasce.

Ela chora. Está bem.

Peço para ficar com minha filha, mas dizem que não posso.

Quero descer da maca, porque estou me sentindo bem, mas o dr. Valcir ainda não acabou. Ele está me costurando. Pergunto: "O senhor fez uma episiotomia?".

Ele responde: "Fiz. Não te falei, porque sabia que não iria concordar. Mas já estou costurando e estou fazendo um trabalho ótimo". E ele olha para o Gustavo e diz: "Você vai me agradecer por isso".

Não falo nada.

Em que realidade um homem seria mutilado na região íntima sem ser consultado e isso seria encarado com riscos de naturalidade?

ISABELE MOREIRA

RELATO DE PARTO 3

Novembro de 2019.

Já com a experiência da violência obstétrica do parto da Alice, decido que não quero ter envolvimento médico no parto do Theo a não ser que minha gravidez apresente alguma intercorrência.

Decido fazer meu pré-natal com uma enfermeira obstétrica.

Tento convencer o Gustavo a fazer o parto em casa, mas ele se descompensa por medo de dar algo errado.

Uma parte de mim acredita que ele não tem que opinar. É o meu corpo.

Outra parte de mim quer o apoio dele.

Então buscamos uma maternidade cujos partos sejam realizados pelas enfermeiras parteiras, sem médicos.

Nenhuma maternidade particular do Rio de Janeiro aceita essas condições.

Tenho muito medo de sofrer violência novamente. Sinto que os obstetras aprenderam a intervir e cortar.

Eu só quero mesmo apoio sem intervenção. Quero acompanhamento, acolhimento e humanização.

Decido ter meu bebê na Maternidade Pública Maria Amélia.

O negócio digital já me dá dinheiro o suficiente para pagar por uma maternidade particular, mas a questão não tem a ver com dinheiro.

Na maternidade, a admissão é humilhante, demorada e dolorosa.

Mas quando entro na sala de parto, todo meu plano é respeitado.

Peço para tomar banho. Ligam o chuveiro para mim e colocam um banco para eu sentar.

Digo que preciso caminhar. Caminho com o Gustavo em um braço e a enfermeira no outro.

E então sinto que o bebê está próximo.

Meu corpo pede para ficar de cócoras.

Me abaixo e as enfermeiras se agacham comigo.

Meu marido apoia minhas costas.

Peço que apaguem as luzes e imediatamente sou atendida.

A única claridade vem da lanterna do celular da doula.

E então Theo chega, primeiro a cabeça, depois os ombros e depois empurro a última vez e recebo meu bebê saudável nos braços.

Fico com ele todo o tempo que quero.

Precisei passar por três partos para finalmente ser tratada com o respeito que mereço.

Não é fácil nascer mulher.

A maternidade é uma luz na vida feminina, mas ela é cercada de sombras no mundo patriarcal.

Que mulher nunca foi questionada sobre quando finalmente teria filhos? Sério, essa pergunta deveria ser abolida de qualquer construção social porque ela é muito invasora. Quando a mulher engravida, quantos conselhos não solicitados ela recebe por dia, sobre sua alimentação, estilo de vida, e, quando o bebê nasce, sobre a forma como ela decide criá-lo.

Mulheres que escolhem a cesariana julgando as que escolhem parto natural e vice-versa. Mulheres que sonham com o parto natural e que sofrem e às vezes colocam a saúde do bebê em risco, porque negam a cesariana achando que o procedimento as tornará menos mães.

Mulheres que amamentam seus filhos até os 2 anos julgando as mães que complementam com fórmula e mulheres que não se adaptam à amamentação se culpando por se sentirem menos mães, porque fazem mamadeiras para seus filhos.

Mães que julgam mulheres que voltam rápido a trabalhar após o parto. Mulheres que julgam as que optam por ficar mais tempo em casa com seus filhos. E tem aquelas que julgam as mães que contratam rede de apoio.

Dava para descrever mais três páginas de pressão social, julgamentos e cancelamentos que a maternidade gera. Mas acredito que já foi possível entender onde quero chegar.

"Padecer no paraíso" é uma crença repetida ao longo de gerações, introduzindo em nosso inconsciente coletivo que a maternidade é sofrimento, mas vale a pena porque você sofre no paraíso.

Não há paraíso em noites sem dormir, quando o papai dorme a noite inteira com a desculpa de que no dia seguinte precisa trabalhar e a mamãe vira o zumbi da madrugada com a criança aninhada, chorando em seu colo.

Não há paraíso quando uma mensageira decide empreender e, ao abrir espaço em sua vida para o negócio, se remói de culpa, porque, no fundo, ela se sente uma péssima mãe.

A maternidade selvagem é o poder da deusa. Uma mulher é o portal do mundo. Somente ela põe crianças no mundo. Somente seu corpo dispõe dessa tecnologia. Mas isso não quer dizer que ela seja obrigada a parir seres humanos.

Ela é livre para parir projetos e sonhos. Ela também é livre para parir bebês e ser humana em sua maternidade, sem se preocupar com o julgamento alheio.

Minha primeira filha não foi planejada. Eu tinha apenas 19 anos. Decidi tê-la e fiz o que era possível. Hoje ela é adulta, tem 24 anos, trabalha na minha empresa e cursa artes audiovisuais na Universidade Estadual do Rio de Janeiro. Deu tudo certo até quando não deu.

Obviamente, muitas coisas eu faria diferente se voltasse no tempo, mas isso só mostra que evoluí.

Alice tem 9 anos e é assustadoramente como eu, em personalidade, liderança e tem problemas para lidar com seus rompantes emocionais. Ela compreende e entende meu trabalho, participa de vez em quando e tem em casa o exemplo de uma mulher livre e criativa.

Theo tem quase 4 anos, é sedutor, inteligente e apaixonado por meios de transporte. Sabe que dentro de casa tem a área de brincar e tem o escritório da mamãe. Aprende desde pequeno que existem muitos arranjos de trabalho para além dos tradicionais e acredito que isso o deixará mais criativo e preparado para o mercado de sua época.

Eles são parte muito visceral e importante da minha vida, mas nunca deixei que a maternidade engolisse minha individualidade e nunca acreditei que deveria escolher cuidar deles sem nenhuma rede de apoio.

Eu não dou conta de tudo. Eu não dou conta de tudo. Eu não dou conta de tudo. Repito essa frase três vezes porque é a pergunta que eu mais recebo: como você dá conta de tudo? Entenda que no "tudo" dessa pergunta está implícito: arrumar casa, empreender e suas vinte mil tarefas, fazer mercado, cuidar do filho, brincar com o filho, fazer o dever de casa, levar no médico, tomar banho, dar pro marido, cozinhar, lavar a louça, corresponder às expectativas sociais e muito mais.

Definitivamente, eu não faço nem 10% dessa lista.

> **PRINCÍPIO SELVAGEM**
>
> É hora de relembrar a maternidade como o poder da Deusa e não como um conjunto de regras impostas pelo patriarcado.

Sou uma mãe amorosa e atenciosa com meus filhos. Brinco com eles a não ser que esteja cansada ou indisposta. Erro na educação deles. Acerto em outras coisas. Odeio o grupo de mães no WhatsApp, mas estou lá, porque entendo que as informações e avisos são importantes. Esqueço vez ou outra que é dia de levar brownies sem lactose para o lanche coletivo de fim de semestre. Mas vou a todas as reuniões de pais. A questão é que não existe em minha mão um chicote para me açoitar todas as vezes que eu perceber que não sou a mãe perfeita.

Aliás, mãe perfeita do ponto de vista de quem? Sabemos a resposta.

Procurei ao longo da minha vida limpar todas as crenças negativas sobre maternidade que absorvi nas construções sociais, filmes e nas mulheres de minha família. Desenvolvo a maternidade com meus filhos com amor infinito e sincero, mas a maternidade não é o centro. Eu sou.

Meus filhos serão mais bem preparados para o mundo se forem criados por uma mãe inteira, que se mantém corajosa na maior parte do tempo, que se sente inspirada, porque realiza seus sonhos, que dorme bem à noite e valoriza sua individualidade.

Os partos dos meus filhos me transformaram, cada um de uma maneira. Entendi o quão forte somos, apenas comparando com o que o nosso corpo é capaz de fazer. A força materna e criadora é tão avassaladora que todo o sistema nos convence de que ela não existe trocando nossa coragem pela culpa. O sistema nos separa ao invés de nos unir.

Porque imagine o dia em que todas as mulheres, sendo ou não mães de filhos humanos, decidirem se apropriar da força da maternidade da deusa. Seremos livres afinal. Nenhuma criança precisará, como eu, ver a mãe apanhando do marido. Nenhum médico cogitará cortar o períneo de uma mulher sem consentimento.

A maternidade é força no sentido que nos sentimos infinitas em nosso poder criador. E isso não tem nada a ver com dar conta de tudo, mas com a coragem de escolher apenas aquilo que realmente queremos dar conta.

Atividades selvagens

1. Se você for mãe, relembre seu parto e de que forma você acessou a força da maternidade da deusa.

2. Se pergunte como você pode usar essa mesma força na construção do seu projeto como mensageira selvagem.

3. Sendo ou não mãe, se possível, pergunte como foi a gravidez de sua mãe, pergunte como foi o parto.

4. Escreva sobre o próximo projeto que você irá parir no mundo.

O último combate da guerreira

ISABELE **MOREIRA**

Agosto de 2023. Quinta-feira.

Na minha sessão de terapia começo colocando minha psicóloga contra parede:

— Sou a guerreira salvadora. Me comporto de forma que contrato pessoas que não são capazes de executar seus trabalhos para que elas falhem e me obriguem a salvar o projeto. No final, eu sinto raiva e exaustão, mas também sinto felicidade por me sentir foda o suficiente, porque sem mim o projeto desmorona. Não quero mais viver assim. Não quero mais ser a guerreira salvadora. Quero FER-RA-MEN-TAS!

Minha psicóloga lida com todo seu profissionalismo e me faz perguntas que me fazem tomar uma decisão, afinal, no bom estilo Mestre dos Magos, ela me faz perceber que as ferramentas estão dentro de mim.

Agosto de 2023. Sábado.

Entro em uma videochamada com o Fernando, meu diretor criativo, com a Márcia, minha gerente geral e com a Amanda, minha líder de RH. Convoquei essa reunião de emergência.

Por coincidência, estou com um crachá no pescoço, porque nesse fim de semana estou participando de mais um encontro de Mastermind Craft do meu mentor Rodrigo Vinhas.

Quando estão todos na sala, eu retiro solenemente o crachá do pescoço e digo: estou me demitindo. Eu, Isabele, guerreira e salvadora, não trabalho mais nessa empresa.

A partir de agora, entre a Isa empresária, que não está aqui para salvar ninguém. Mas aquela que tem valor suficiente para ter em seu time apenas pessoas comprometidas e capazes de entregar aquilo que se dispuseram a fazer.

Depois desse dia, tudo mudou.

Um belo dia, o movimento feminista ganhou força. Afinal, superamos a época em que mulheres eram julgadas, condenadas e mortas pela Inquisição pelos motivos de ser bonita, ter uma marca de nascença, emitir opinião própria, impor limites e conhecer as medicinas da floresta. Éramos chamadas de bruxas e mortas em nome de Deus.

As netas das bruxas que não foram queimadas se sentiram seguras para pedir por seus direitos. Estudar, trabalhar, ter o próprio dinheiro, ter conta bancária em seu nome sem precisar que seu tutor autorize, ter direito ao divórcio, à carreira, ao controle de natalidade, a casar por amor e pagar suas próprias contas.

Temos que admitir que o sistema é muito inteligente. Basta percebermos que não fomos mais queimadas vivas em julgamentos em praça pública, e nos deram o que pedimos.

Você quer ter uma carreira? Claro, vai lá. Você quer fazer uma universidade? Óbvio. Justo. Você quer ter conta em banco, passaporte, viajar sozinha? Vai lá. Te damos a maior força.

E nós fomos.

Mas o contrato tinha linhas miúdas que começavam com a expressão "desde que".

Desde que você continue sendo a responsável por administrar a casa, limpeza, comida, compras, roupas e eventos sociais. Desde que você continue sendo a única responsável por ler a agenda escolar todos os dias, ser a única que falta o trabalho quando sua criança adoece e a que vai sozinha em todas as reuniões escolares.

Desde que você acumule a carreira junto a toda construção de mãe perfeita, esposa perfeita e dona de casa perfeita. Ah, e que você também tenha a imagem e o corpo perfeito de acordo com os padrões inalcançáveis das capas de revista.

E, por último, desde que você aceite ocupar cargos de responsabilidades similares aos homens, mas por salários 60% menores e que você tenha que fazer três vezes mais pesquisas para que, no meio acadêmico, você comece a ter o mesmo respeito que os pesquisadores homens.

Nós assinamos o contrato sem notar as letras miúdas, porque estávamos desesperadas por liberdade. Eu assinei esse contrato e você também.

E para dar conta de evitar uma multa por quebra contratual, nós sacamos do inconsciente coletivo uma estratégia: vestir o arquétipo da guerreira salvadora.

Passamos a nos vangloriar de sermos guerreiras, empunhar nossas armas todos os dias, sem descanso, salvando todos à nossa volta menos a nós mesmas.

E foi assim que o sistema fingiu que conferiu direitos às mulheres e através da cláusula "desde que" tornou a vida dos homens ainda mais fácil.

Mas o que acontece se a gente descumprir o contrato? Quase nada.

PRINCÍPIO SELVAGEM

Nossas ancestrais precisaram guerrear em praça pública, queimar seus sutiãs e mostrar seus peitos para o mundo. Graças a elas, podemos hoje guardar a roupa da guerreira e sermos nós mesmas, apenas dizendo não ao que não é essencial.

Descumpri o contrato e estou aqui, feliz, criativa, rica e em evolução. Obviamente sofri algumas retaliações, piadinhas, dei um basta a dois relacionamentos tóxicos, recebo críticas veladas e abertas todos os dias, mas e aí?

A Inquisição não existe mais. Não serei queimada nessa vida. Estou impondo limites, construindo vida criativa, ajustando minha rotina aos meus sonhos, priorizando minha felicidade e sanidade. E no máximo recebo um olhar torto? Que olhem torto. Tanto faz.

A origem da guerreira salvadora vem de nossas crenças nucleares.

Crença de desamor — Acredito de maneira inconsciente que as pessoas não me amam e não me valorizam pelo que sou e por isso me forço a pertencer e mendigar a aprovação de todos à minha volta.

Crença de desvalor — Acredito em algum nível que não tenho valor o suficiente, não sou tão talentosa ou inteligente, mesmo que as pessoas me falem isso, e que a qualquer momento poderei ser desmascarada. Assim, imponho a mim e aos meus projetos um perfeccionismo além da conta e me obrigo a nunca desligar ou sempre trabalhar e entregar mais do que preciso para compensar minha crença de desvalor.

Crença de desamparo — Em algum nível acredito que fui ou serei abandonada e me sinto em perigo. Meu comportamento então é tentar controlar e centralizar tudo para que nunca mais eu passe perigo, porque alguém me desapontou ou vivo minha vida em sobressalto achando que a qualquer momento ficarei sozinha, porque todos irão me abandonar.

Com quantas crenças nucleares você se identificou? Não duvido que você tenha se percebido em todas elas. O quanto você veste todo dia sua fantasia de guerreira salvadora porque acredita nessas crenças?

Mas se eu não fizer ninguém faz. Mais uma ardilosa pegadinha do nosso contrato. Acreditamos mesmo nisso. E é possível mesmo que se você não lavar a louça, seu marido não lavará. Mas o que será que ele vai fazer quando não restar mais nenhum prato limpo para uso? Tenho certeza de duas coisas. A primeira é que você nunca testou e a segunda é que ele não vai passar fome por causa da louça suja.

Experimente guardar a fantasia da guerreira salvadora no armário. Tente a metáfora de primeiro coloca a máscara de oxigênio em você. Veja o mundo à sua volta derreter enquanto tranquilamente trabalha em seu projeto ou escuta sua playlist preferida.

O sistema vai se desorganizar, mas com o tempo ele encontrará novos arranjos. Apenas não queime a roupa da guerreira. Deixe-a guardada.

Nunca se sabe quando uma mensageira selvagem precisará de sua guerreira para se salvar de uma situação de verdadeiro perigo.

Atividades Selvagens

1. Faça um ritual para aposentar a guerreira salvadora. Você pode simplesmente tirar o crachá como eu ou escrever uma carta de agradecimento para ela e queimá-la em seguida. Use sua criatividade.

2. Faça uma lista das petecas que irão cair, porque a guerreira salvadora foi aposentada.

3. Escreva uma estratégia para lidar com as consequências sem que você se magoe.

4. Leia este capítulo para uma amiga que está nesse arquétipo e convide-a a guardá-lo também.

A voz da autenticidade

Sem medo de ser mensageira e selvagem

2022. Mais um dia.

Depois do meu ritual "me time", entro no Instagram pela primeira vez hoje.

E lá estão eles. Os comentários. Muitos.

Alguns gritam mais que outros e dizem:

"Você é uma mentirosa."

"Com essa cara de pobre, quer me convencer que enriqueceu?"

"Odeio a forma como você segura a caneta."

"Você quer enganar as pessoas."

"Cala boca, sua vadia."

E outros intensos e calorosos como beijo apaixonado, que dizem:

"Isa, você mudou minha vida."

"Isa, graças a você eu saí da depressão."

"Abandonei um casamento abusivo e hoje sou feliz. Obrigada."

"Conquistei dinheiro na internet graças ao seu método."

"Você me inspira e me dá coragem."

Respiro agradecida. A autenticidade tem seu preço. Ela ainda incomoda. Mas ainda não é possível mensurar seu poder de transformação.

"Você precisa ser autêntica para dar certo no digital. Apenas seja você." É comum ouvirmos isso quando se fala de chamar a atenção na internet e é tudo verdade. Autenticidade rima com verdade e, como diz Rodrigo Vinhas, meu mentor de negócios, a verdade vende.

Mas o que raios é ser eu? Qual a medida de ser eu na internet? E, a propósito, já que estamos falando disso, quem sou eu?

Você é o conjunto único de suas habilidades, talentos, conhecimentos, virtudes, valores, gostos pessoais, defeitos, sonhos, erros, medos, manias, sotaque, hobbies, crenças e identidade.

E não é à toa que este capítulo fica posicionado quase no final desse livro. Durante a jornada de se identificar como uma mensageira selvagem, você resgatou seu feminino, seu masculino, sua coragem, seus gostos e hobbies.

Nesse caminho, você desenhou sua vida criativa e ressignificou com respeito e compaixão sua autoimagem. Você abriu espaço para despoluir o rio das águas criativas e reacendeu seu fogo instintivo. Você abraçou o privilégio de ser uma mulher medicina e fez as pazes com a prosperidade.

Você aprendeu a sentir prazer e a estar apenas em relacionamentos que mereçam você. Foi uma jornada e tanto e você nem imagina o quanto estou verdadeiramente emocionada em escrever esse parágrafo justamente porque estou te sentindo aqui nessa página.

Penso que você está no caminho da autenticidade pessoal e esse campo fértil de onde brota essa floresta tropical e diversa chamada você é a base para a construção da autenticidade digital.

Uma coisa importante a se ressaltar: você não é sua marca pessoal. Sempre haverá diferença entre você, mulher criativa na sua vida íntima e privada, e aquela que se expõe na internet. O mundo digital precisa de recortes e edições. Sobretudo para que esses recortes e edições mantenham uma parte sua em segurança, secreta, dentro de sua casa e de sua própria psique.

A dança da autenticidade tirou você de todas as vezes que ouviu na infância: quietinha! Fecha essas pernas, menina. Olha só como a fulaninha está se comportando. Faça como ela.

A dança da autenticidade te trouxe para um local de protagonismo, evidência e coragem que diz: essa sou eu, e eu aceito que você não goste do que vê. Eu aceito, mas escolho continuar sendo assim.

PRINCÍPIO SELVAGEM

Sua autenticidade irá projetar sombras em outras pessoas. Aceite que nem todos irão aprovar e amar você. Isso é sempre sobre eles. Nunca sobre você.

Você é uma mensageira selvagem. Isso é cristalino como nascente de cachoeira. Sua jornada em busca de honrar essa essência selvagem que vibra para o mundo está apenas no começo. Mas agora já é possível filtrar de todo seu caldeirão criativo, o que de fato vai compor sua marca pessoal. Qual parte da mensageira selvagem se tornará pública conquistando conexão, fãs e companheiros de jornada e ao mesmo tempo causando desconforto em quem não está pronto para viver tão profundamente.

A seguir coloco um mapa para que você possa de maneira intencional despertar no outro o desejo de se conectar com a mensageira que existe em você.

BRAND VOICE DA MENSAGEIRA SELVAGEM

Qual a causa que você defende?

_____

_____

Quais as histórias da sua vida que podem sustentar seu propósito. Cite aqui seu banco de histórias, as inspiradoras, aquelas que contam alguns erros que você cometeu e as de vitória.

_____

_____

_____

A forma como você se veste agora passou por um profundo processo de reconexão? De que forma?

_____

_____

_____

Quais objetos representam sua mensagem (Por exemplo, no meu negócio, os objetos que uso são as canetas, os lápis de cor, post-its etc.)?

_____

_____

_____

_____

Quais os três valores principais que sua marca representa?
_____
_____
_____

Quais as crenças que você irá sustentar no seu discurso?
_____
_____
_____
_____

Como você vai chamar sua audiência?
_____
_____
_____
_____

O que você repudia, que fortalece e justifica sua causa e deixará nítido na sua comunicação?
_____
_____
_____
_____

UM PASSO A PASSO À PROVA DO TEMPO

ISABELE MOREIRA

Abril de 2018

Evento 8Ps do Conrado Adolpho para mil pessoas

Gustavo e eu estamos sentados na plateia, com nossas apostilas abertas, anotando todo o método de funil de vendas criado pelo especialista.

Sou admiradora do Conrado e vê-lo no palco conduzindo um treinamento como esse e sendo treinadora comportamental profissional, me pergunto: seria eu capaz de criar um evento com esse impacto?

Eu queria que sim, mas parecia impossível de tão distante.

Outubro de 2022. Quatro anos depois.

Estou prestes a subir no palco do TNS — Treinamento Negócio Selvagem.

500 mulheres vieram de toda parte do mundo para o Rio de Janeiro para estar comigo.

Meu coração vibra de felicidade e ansiedade frente à descarga de adrenalina.

Mas quando subo no palco com a música Respirar da Sandy e vejo aquelas mulheres em pé me olhando com sorrisos, lágrimas e admiração, tudo se encaixa e percebo que a vida me preparou para isso. Ali era exatamente o lugar onde eu deveria estar.

Tempo, aprendizado, execução, constância e conexão. São apenas cinco palavras que levam a mensageira selvagem a chegar exatamente onde ela deseja em termos de impacto, audiência, referência e dinheiro.

O que pode impedi-la é a resistência. O predador interno citado pela dra. Clarissa em *Mulheres que correm com os lobos*, que nada mais é a parte sombria de nossa psique que insiste em nos deixar amordaçadas. Mas agora você entende as armadilhas.

Quero deixar de presente um passo a passo à prova do tempo para construir autoridade como empresária do digital. Porque se os funis e estratégias mudam a velocidade da luz e se tudo é assustadoramente rápido quando falamos de mercado digital, por outro lado, conexão com pessoas é algo milenar.

Por isso, independentemente do que você vai vender e a estratégia escolhida para colocar esse projeto disponível nas redes, você vai primeiro entender como se conectar com pessoas.

Aprendi com Blair Warren que as pessoas comprarão de você se você souber incentivar os seus sonhos, suavizar seus medos, justificar seus erros, confirmar suas suspeitas e apedrejar seus inimigos.

Aprendi com a maravilhosa Sally Hogshead que, para fascinar pessoas, precisamos usar alguns fundamentos de comunicação, que são:

Mistério — Nunca revelar tudo.

Luxúria — Antecipar o prazer conectando as pessoas aos seus desejos prestes a serem realizados.

Imperfeição — Mostrar a graça dos defeitos acontecendo em tempo real e o aprendizado que se tira deles.

Confiança — gerar confiança através de boas recomendações e estando constantemente nas redes como uma marca sólida.

Precaução — Mostrar as consequências que acontecem quando a pessoa decide não agir para solucionar seu problema ou realizar o próprio sonho.

Testei muito os fundamentos acima na minha comunicação e a eles adicionei os elementos de autenticidade do capítulo anterior.

Feito isso, o próximo passo é começar a divulgar o problema que você resolve para a persona com quem você fala (seu cliente ideal) e defender a sua hipótese de solução autoral.

Esse é o princípio da narrativa que ensino em meus programas de especialização.

Como mensageira selvagem, estamos vivendo a narrativa interna de nossa própria vida. Mas, como marca, divulgamos a narrativa da persona que é a cliente ideal. Absolutamente tudo é sobre ela.

Por mais que esse livro traga inúmeras histórias minhas, ele não é um livro sobre mim. É sobre a leitora. Sobre você. Eu quebro inclusive a parede do livro falando diretamente com você. A mensageira selvagem não sou eu. É tudo sobre a persona. Tudo sobre você.

Diferente da mulher de sucesso do Google que está perfeitamente arrumada e equilibrada em seu sapato de salto fino subindo uma escada aleatória do sucesso, nossa vida real de mensageiras selvagens não será assim. Ainda bem.

Haverá dias que parecerão terem sido conjurados do inferno para fazê-la desistir, em outros você chorará de alegria, porque bateu uma meta difícil de vendas. Haverá dias que você não vai querer gravar o vídeo e em outros você fará animadas *lives* por horas seguidas.

Seu negócio será cíclico como a natureza com fases de expansão e de retração. Fases de crescimento e fases de desafio. Porque tudo que nasce, cresce, se desenvolve, se transforma, definha e morre. Aceitar isso torna a jornada mais leve e feminina.

PRINCÍPIO SELVAGEM

O sucesso não é linear e previsível. Não temos garantia de que tudo dará sempre certo, mas sem dúvida podemos fazer nosso melhor e apreciar a jornada.

Não há nada mais reconfortante e na mesma medida desafiador do que uma vida em experimentação. Experimente os fundamentos e dê tempo o suficiente para que eles comecem a performar. Consistência e execução também são características primordiais em uma mensageira selvagem.

O pote de ouro não estava no final do arco-íris

Fevereiro de 2018.

Gustavo me liga.

— Oi, tudo bem? Quero conversar com você. Será que posso ir na sua casa?

Estranho a conversa porque a última vez que ele subiu na minha casa foi em setembro do ano passado para buscar o berço que foi da Alice e que seria de seu filho Lucca que estava quase nascendo.

O que ele quer?

— Aconteceu alguma coisa?

— Nada demais, mas senti que a Alice está perdendo as referências e lembranças de que um dia o pai e mãe estiveram juntos. Acho importante ela saber que apesar da separação, nós nos apoiamos.

Continuei achando estranho.

Mas assenti, porque tinha a ver com a Alice e trazer paz na convivência para ela seria ótimo.

Essa foi a primeira de algumas visitas que o Gustavo fez à minha casa até deixar nítido que sua intenção era ter sua família de volta.

Enlouqueci porque, a essa altura, minha vida estava organizada e eu já estava feliz novamente sem ele. Como eu aceitaria novamente toda aquela infelicidade? Era impossível imaginar.

Mas pacientemente ele mostrou que não foi só eu que vivi um processo de autoconhecimento durante a nossa separação. Ele havia se tornado outra pessoa também.

Ele queria me provar que a nova Isabele se apaixonaria pelo novo Gustavo.

E, com o tempo, percebi que o novo Gustavo era exatamente a pessoa que eu havia pedido na praia após o réveillon.

Então decidi, certa de que ele não teria mais o poder de me machucar, porque retirei esse poder dele, me abrir novamente ao amor.

Passei tanto tempo buscando a recompensa como resultado final, que quando ela não via eu me ressentia ou quando ela chegava, eu estava cansada demais para comemorar.

Talvez o maior aprendizado de toda essa história foi a maturidade de apreciar o tesouro diário da construção e não da meta batida. Obviamente, amo bater meta, mas amo mais ainda viver cada minuto de maneira intencional sendo feliz, completa, livre e criativa hoje e não condicionar esses pontos inegociáveis a um resultado que não posso garantir que virá.

Aliás, admitir que não controlo se atingirei as minhas expectativas altas de resultado já é o tesouro da liberdade. Posso atingir e me comprometer para isso, mas se não acontecer não me torno uma pessoa com menos valor.

PRINCÍPIO SELVAGEM

O tesouro está na liberdade de ser a tecelã da própria vida, emaranhando uma trama colorida e complexa, intencionalmente fio a fio, nó a nó, porque não é sobre chegar lá, mas sobre saber que a jornada foi profunda de tirar o fôlego e, ao mesmo tempo, calma como um chá quente em tarde de outono.

Posso chegar exatamente ao crescimento que eu desejava, que normalmente é o que acontece com mulheres que trilham essa jornada. Mas posso deixar a serendipidade me conduzir e me surpreender com outros cenários que eu jamais seria capaz de sonhar.

Posso, como uma tecelã, sentar em minha máquina de tear e construir o tecido que quiser e inclusive desfazer parte dele sempre que perceber que usei a cor errada.

Posso também admitir que não tenho ideia de qual será o impacto dessa minha jornada como mensageira, como mulher e como alguém fiel à minha natureza selvagem. Posso e devo apenas acreditar e isso é suficiente para mim.

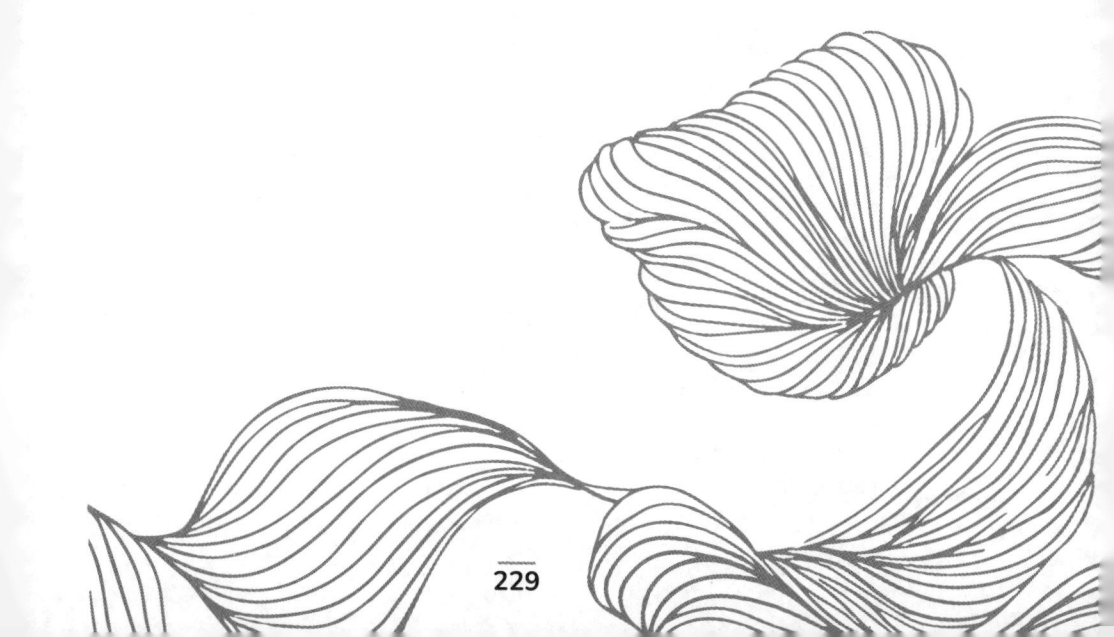

NÃO HÁ NADA MAIS
RECONFORTANTE E NA MESMA
MEDIDA DESAFIADOR DO QUE
UMA VIDA EM EXPERIMENTAÇÃO.
EXPERIMENTE OS FUNDAMENTOS
E DÊ TEMPO O SUFICIENTE PARA
QUE ELES COMECEM A PERFORMAR.
CONSISTÊNCIA E EXECUÇÃO
TAMBÉM SÃO CARACTERÍSTICAS
PRIMORDIAIS EM UMA
MENSAGEIRA SELVAGEM.

@ euisabelemoreira

Para você, mensageira selvagem, uma carta de amor

Sempre amei a ideia de que existem tesouros de sabedoria escritos a mão em cartas femininas. Gosto de imaginar que essas cartas foram dobradas com cuidado e depositadas em caixas de madeira talhadas por artesãs milenares. Imagino que essas cartas estejam por aí, enterradas em jardins, boiando em alto-mar, escondidas em alguma gaveta, esperando ser descobertas.

Sendo assim, quero trazer esse meu amor pela ideia das cartas ancestrais e te presentear com uma delas. Imagine uma linda caixa de madeira com lobos e luas talhados a mão. Ao abrir a delicada fechadura dourada, lá está ela, repousada no fundo revestido de veludo vermelho: a carta amarelada dobrada em duas partes. É hora de ler esse presente que o Universo trouxe para você. Vamos?

****

Se você preferir, aponte a câmera do seu celular para o seguinte QR Code e acesse a versão em áudio da carta.

Olá, meu amor.

Que alegria ser lida por você. Tenho muito a dizer, então não se apresse.

Você está confortável nessa posição, querida?

Quer pegar uma bebida quente para nos acompanhar?

Não tenha pressa, esteja acomodada pelos próximos minutos para que possamos conversar.

Dê um tempo das notificações e agitações do dia a dia.

Respire comigo alguns minutos, esse tempo cadenciado e sem pressa próprio da natureza.

Deixe-me começar me apresentando. Você me conhece por vários nomes e minha aparência agora é de uma velhinha bem enrugada sentada em sua poltrona perto da lareira. Com a idade, passei a sentir mais frio e, por isso, gosto de me aquecer.

Não sou uma única identidade. Sou múltipla.

Dentro de mim mora sua versão do futuro. A anciã que tem todas as respostas e que já sabe tudo que aconteceu.

Mas também moram em mim todas as suas ancestrais. A sabedoria feminina de sua família, sua mãe, suas avós, bisas e tataras – estão todas aqui também.

Reside em mim a sabedoria da natureza, a medicina de realização do mundo, a própria força genuinamente criativa.

E, não se engane, minha filha, está aqui em mim, misturada a esse corpo sábio e antigo, seu espírito livre, aquele que você foi quando era só uma criança. Aquele que acreditava em magia e em todas as possibilidades.

Somos todas uma.

Mas, para simplificar, nesse momento, pode me chamar de vovó.

Quando você decidiu ler este livro, um grande poder arquetípico e ancestral foi revelado a você; vim tranquilizá-la, porque você fez o melhor com o que recebeu. Que grande mensageira selvagem você se tornou!

Agora, venho contar boas novas do futuro. Venho revelar o que acontece daqui para frente. Esse não é um livro como todos os outros, que conta uma história passada. Esse livro é e sempre foi sobre o futuro. O seu futuro. É de lá que venho lhe contar tudo que acontece a partir de agora.

Que mulher admirável e que projeto tão lindo você colocou no mundo.

Vim te parabenizar, validar e reconhecer.

Vim dizer que as mulheres da sua família não tiveram a oportunidade de realizar o que você fará. Mas elas se realizaram através de você. Sua ancestralidade está em festa.

Vim dizer que você ainda não sabe, mas deixará um grande legado no mundo para todas as mulheres que virão depois de você. Vim te contar que você perderá o fôlego por gargalhar incontáveis vezes, você tocará a alma de muitas pessoas com sua mensagem. Vim para lhe assegurar que você não se perderá de si mesma nessa jornada e que continuará sendo uma pessoa boa.

O sucesso, querida, como você aprendeu, é uma ilusão. Por saber disso, você não irá se perder. Construirá um sucesso genuíno e autêntico, respeitando seus próprios valores.

Preciso reforçar uma coisa: você é e será suficiente em toda essa jornada. Beba água, movimente seu corpo, sinta prazer e se conecte com a natureza. Assista ao pôr do sol. Ame de verdade. Goze a vida. Divirta-se. Viaje.

Meu amor, descanse. Permita-se relaxar. É seguro se desconectar e viver apenas o aqui e agora. Tudo dará certo ao final.

Vim te dar uma informação a mais: sempre que tiver dúvidas, saiba que estamos com você. To-

das nós. Sente-se em um lugar silencioso e nos pergunte o que fazer.

Você saberá no corpo a resposta. Somos o seu amuleto de sabedoria. Não se esqueça de que estamos aqui.

Por fim, minha filha amada, é sempre bom lembrar que você, com sua autenticidade, torna o mundo um lugar mais bonito de se viver.

Parabéns pela grande mulher que se tornou.

Continue.

Nunca sozinha.

Sempre acompanhada. Em bando.

Estamos com você.

Com amor,

Vovó, sua criança interior e todas as ancestrais do mundo.

Agradecimento selvagem

Eu sinto em todas as minhas células que concluir a escrita desse livro inaugura um novo momento psíquico em minha vida. Um portal que atravesso e, assim, me percebo pela primeira vez como escritora – o que é muito doido, porque o sentimento é de familiaridade, como se por toda minha vida eu apenas tivesse escrito livros. É como voltar para casa depois de uma longa viagem.

E se realmente houve uma viagem, vários dos personagens com quem convivi e me deparei merecem meu mais profundo agradecimento.

Quero começar agradecendo a minha querida avó materna, Dulcinea, que cuidou de mim enquanto minha mãe precisava dar conta de viver sua própria e nada fácil história. Quero honrar meu avô, Aristides, que, ao perceber que meu pai não daria conta de ocupar o papel de um masculino protetor e amoroso, resolveu, com todo seu amor, ser exatamente o que eu precisava que ele fosse.

Agradeço a Rose, minha querida amiga de infância que esteve em minha vida desde sempre. Por todas as nossas conversas sobre evolução humana, espiritualidade, por compartilharmos nessa existência a mesma missão e pela certeza de que, pelo menos nessa vida, não seremos queimadas na fogueira.

Quero fazer um agradecimento profundo a minha querida amiga Gisele, a pessoa com quem mais tenho piadas internas. Pela forma leve que temos de nos divertir juntas, apenas sendo nós mesmas. Gi, você é a melhor madrinha que meus filhos Alice e Theo poderiam ter, e se eu tivesse mais trinta filhos (o que definitivamente não vai acontecer), todos seriam seus afilhados.

Agradeço imensamente a minha filha Ale, uma mulher trans, politizada, instruída e dona de um lindo coração que me ensina todos os dias sobre amor e coletividade. Que sua paixão ainda possa mudar o mundo e torná-lo menos injusto.

Agradeço aos meus filhos Alice e Theo e ao meu marido Gustavo, que constituem um sistema familiar de paz e segurança que me proporciona tranquilidade para mergulhar de cabeça, alcançando a profundidade abissal de meus projetos. Obrigada por estarem sempre aqui quando decido retornar à superfície.

Quero homenagear e agradecer à versão de mim mesma que, lá em 2014, tomou a coragem de pedir demissão e arriscar tudo no sonho de ter o próprio negócio. Eu acreditava que essa decisão me traria apenas um novo arranjo de trabalho, mas na verdade ela foi o primeiro passo para toda a evolução pessoal, emocional, financeira e espiritual que vivi nos últimos anos.

Por último, agradeço profundamente a todas as mulheres que diariamente, mesmo sem saber, tecem a teia de um mundo mais feminino, igualitário, intuitivo e criativo. É uma honra reconstruir o planeta ao lado de todas vocês.

Que nosso fogo criativo se organize em uma grande fogueira que ilumina a nós mesmas e a todas que virão depois. Que essa fogueira seja a personificação de nossa liberdade. Que essa grande fogueira forneça o quentinho de uma vida leve, ao mesmo tempo que nos mostra a responsabilidade de assumirmos nossa autenticidade no mundo. Que ela seja farol, mas que não perca a leveza, para que possamos nos reunir em torno dela queimando marshmallows e contando histórias antigas.

Obrigada. Obrigada. Obrigada.

Isabele Moreira.

Transformação pessoal, crescimento contínuo, aprendizado com equilíbrio e consciência elevada. Essas palavras fazem sentido para você? Se você busca a sua evolução espiritual, acesse os nossos sites e redes sociais:

Luz da Serra Editora no **Instagram**:

Conheça também nosso **Selo MAP – Mentes de Alta Performance:**

No **Instagram**:

Luz da Serra Editora no **Facebook**:

No **Facebook**:

Conheça todos os nossos livros acessando nossa **loja virtual**:

Conheça os sites das outras empresas do Grupo Luz da Serra:

luzdaserra.com.br

iniciados.com.br

luzdaserra

Luz da Serra®
EDITORA

Rua das Calêndulas, 62 – Juriti
Nova Petrópolis / RS – CEP 95150-000
Fone: (54) 99263-0619
E-mail: loja@luzdaserra.com.br

Impressão e Acabamento | Gráfica Viena
Todo papel desta obra possui certificação FSC® do fabricante.
Produzido conforme melhores práticas de gestão ambiental (ISO 14001)
www.graficaviena.com.br